江苏省教育科学规划课题：新时代高校体育课程思政的时代价值与实践路径研究（编号 T/2022/10）

新时代高校体育课程思政的时代价值与实践路径研究

曹晓静　叶　鹏　著

中国海洋大学出版社
·青岛·

图书在版编目(CIP)数据

新时代高校体育课程思政的时代价值与实践路径研究 /
曹晓静,叶鹏著. —青岛:中国海洋大学出版社,
2023.12

ISBN 978-7-5670-3712-0

Ⅰ.①新…　Ⅱ.①曹…　②叶…　Ⅲ.①体育教学—教
学研究—高等学校　Ⅳ.①G807.4

中国国家版本馆 CIP 数据核字(2023)第 228622 号

出版发行	中国海洋大学出版社		
社　　址	青岛市香港东路 23 号	**邮政编码**	266071
出 版 人	刘文菁		
网　　址	http://pub.ouc.edu.cn		
电子信箱	2586345806@qq.com		
订购电话	0532-82032573(传真)		
责任编辑	矫恒鹏	**电　　话**	0532-85902349
印　　制	日照报业印刷有限公司		
版　　次	2023 年 12 月第 1 版		
印　　次	2023 年 12 月第 1 次印刷		
成品尺寸	170 mm×240 mm		
印　　张	10.25		
字　　数	178 千		
印　　数	1～1000		
定　　价	49.00 元		

发现印装质量问题,请致电 0633-8221365,由印刷厂负责调换。

前　言

　　高校是培养专业化人才的主要阵地,高校教育是提升大学生综合素养和实践、创新等能力的主要渠道。课程思政是新时代的产物,是新时代教育理念的创新。对大学生加强思想政治教育,引导其树立正确的世界观、人生观、价值观,培养良好的道德品质,提升人文素养是新时代高校教育的要求。作为高校教育的重要构成部分,高校体育教育与思想政治教育的融合是新时代育人目标的需要。高校体育课程思政是在体育课程中将思想政治教育贯穿于高校人才培养体系的全过程,实现了知识传授、价值塑造和能力培养的融合发展。高校体育课程思政为高校体育课程与思想政治理论的融合提供了根本遵循,为高校体育类课程指明了改革的方向。体育课程思政建设是高校体育课程落实"立德树人"根本任务的德政工程,也是高校体育课程改革发展、人才培养与模式创新的重要路径。新时代高校体育课程思政建设的时代价值与实现路径研究,对高校体育课程思政的发展,对为国家和社会培养所需的优秀人才具有非常重要的意义。

　　本书首先对课程思政的概念、意义进行了介绍,对高校体育课程与思政教育的融合以及体育课程思政建设的现状进行了分析,深入阐释了高校体育课程思政的内涵,分析了其开展的必要性以及时代价值;然后,就高校体育课程思政设计的原则、思政教育的内容以及教学实施策略展开了深入探讨;接着,分别就以运动实践为导向、基于混合式的教学改革、立德树人理念下的体育课程思政建设的教学改革实施路径进行了深入研究,探讨了高校田径、健美操、武术等课程思政的优化路径;最后,对高校体育课程思政研究的热点、趋势、教育资源建设等进行了创新性探索。

　　本书的编写吸收、借鉴了国内外许多专家、学者的关于高校体育课程与课程思政的最新研究成果和出版文献，在此谨向引文的原著者表示衷心的感谢。限于编写人员经验和水平不足，书中难免存在不足之处，敬请读者批评指正。

作　者

2023 年 3 月

目　录

第一章 导 论

第一节 课程思政的概述

一、课程思政的概念

课程思政,从词义组合上看包括课程和思政两项内容。课程是学校为实现培养目标选择的教育内容,包括各门学科及相关教育实践活动。思政即思想政治教育,是指一定的阶级、政党、社会群体按照一定的思想观念、政治观念、道德规范,对其成员施加有目的、有计划、有组织的影响,使他们形成符合一定社会、一定阶级所需要的思想品德的社会实践活动。[①] 这一概念明确了思想政治教育具有一定的阶级性和政治性,体现的是国家意志和阶级思想。

基于课程与思政两个概念,结合所在专业领域的研究,很多学者对于课程思政的概念给出了不同见解。有学者认为,所谓课程思政是指学校所有的课程都要发挥思想政治教育作用,具体内涵是指高校教师在传授课程知识的基础上引导学生将所学的知识转化为内在德性,转化为自己精神系统的有机构成,转化为自己的一种素质或能力,成为个体认识世界与改造世界的基本能力和方法。[②] 也有学者认为课程思政是要将马克思主义理论贯穿教学和研究的全过程,深入发掘各类课程的思想政治理论教育资源,从战略高度来构建思想政治理论课、综合素养课、专业教育课"三位一体"的思想政治教育课程体系,促使各专业在教育教学上都能善于运用马克思主义的立场、观点和方法,探索各类课程与思想政治理论课同向同行,形成协同效应,达到全面、全过程、全方位育人。[③] 从心理学角度出发的"泛课程思政"则认为:在思想政治理论课之外的各

---

① 张耀灿. 现代思想政治教育学[M]. 北京:人民出版社,2006.
② 邱伟光. 课程思政的价值意蕴与生成路径[J]. 思想理论教育,2017(7):10-14.
③ 高燕. 课程思政建设的关键问题与解决路径[J]. 中国高等教育,2017(23):11-14.

种教育中,同样蕴含着思想政治教育资源,既有显性资源,也有隐性资源,既有课堂的教学资源,也有课外的活动资源,既有书本的学习资源,也有社会的实践资源,教育者必须有意识地进行挖掘、利用,优化这些育人资源,形成立体化育人的格局,并以此传播马克思主义理论,使大学生树立正确的世界观、人生观,价值观。[①] 这些关于课程思政概念的定义与理解都表达了所有课程都有育人的价值和意蕴,强调了学校在知识传授的同时应发挥价值引领的重要性,不忘课程育人的本质。

综上所述,课程思政的概念可以表述为:将思想政治教育融入所有课程的一种教育观念、教育思想,具有一定的阶级性、政治性,既是一种课程观,更是一种教育观,强调在课程教学中把育人放在首位,在传授知识和技能的同时彰显课程育人的特色,是综合的思想政治教育活动。当今社会,我们践行课程思政教育理念,主要是在课程中融入中国特色社会主义核心价值观、中华优秀传统文化和思想道德及法律等的教育,体现出课程知识传授中的价值引领,正确回答"培养什么人,怎样培养人,为谁培养人"的新时代教育之问,以更好地为党育人,为国育才。课程思政概念的诞生,体现国家对培养学生思想政治素质的高度重视,把思想政治素质放在了突出的、首要的位置,体现了"为谁培养人"和"培养什么样的人"的基本观点和立场,为我国高等教育培养担任民族复兴大任的社会主义合格建设者和可靠接班人指明了方向,也是高等教育各门课程要遵循的基本教育思想和教育理念。中国特色社会主义进入新时代,我们国家比任何时候更需要高等教育,更需要科学知识和一流的卓越人才,高等教育的教育者一定要牢记育人使命,坚持立德树人,顺应新时代的发展潮流,更加自觉注重学生思想政治教育的新发展理念。课程思政是新时代学校教育提高自身教学质量、育人质量的一个新思路、新举措,更是对新时代人民群众需要高质量教育的积极回应,必须坚持把培育和提升大学生的思想道德素质放在首位,把握对大学生精神的发展方向和正确价值的引领。

二、课程思政产生的时代背景与实践基础

(一)课程思政产生的时代背景

认识和把握课程思政这一特殊的综合教育理念,首先要认清它产生的时代

---

① 沈贵鹏. 心理学视域中泛课程思政的特点诠释[J]. 思想理论教育,2018(9):66-71.

背景,而这个时代背景既包括时间上的,又包括空间上的。时间上是指随着时间的推移和时代的发展,国家间关于教育和人才的竞争日益激烈,这对教育的发展和人才的培养都提出了新的要求;空间上是指国内的社会环境和国际大环境对教育和人才培养产生的巨大影响。

1. 新时代对教育提出的新要求

随着改革开放和现代化建设的深入推进,我国进入了新时代,生产力水平实现了质的飞跃。不同时期经济发展水平的差异决定了不同时期教育的发展方向和任务。新时代为当代人的生存与发展赋予了新内涵,对人才培养提出了新任务,也对教育提出了新要求。具体来说包括以下三点:

(1)新时代为当代人的生存与发展赋予的新内涵——实现中华民族伟大复兴的中国梦。

(2)对人才培养提出的新任务——培育出担当民族复兴大任的时代新人和德智体美劳全面发展的社会主义建设者和接班人。

(3)对思想政治教育提出的新要求——落实立德树人的根本任务,解决好"培养什么样的人,怎样培养人,为谁培养人"这个根本问题。

2. 国内环境的影响

从国内的社会环境来看,社会和大众对教育的期待值很高,国家为教育事业提供大量的资金支持并出台多项优惠政策促进教育的发展,国家和社会对人才培养给予高度重视。但随着时代的发展和周围环境的影响,人们的价值取向和思想倾向发生巨大变化。大学生的价值观念处在尚未完全形成的关键阶段,具有很强的可塑性,同时受多元价值观的影响,又具有不确定性。市场经济所包含的等价交换原则、求利原则和竞争原则,一旦处理不当,可能会引发争名夺利、弄虚作假、见利忘义等一系列负面问题,对大学生的价值观产生极大的冲击。

3. 国外环境的影响

从国际大环境来看,中国经济腾飞成为世界第二大经济体,受到世界瞩目,一些西方发达国家对我国虎视眈眈,从经济、政治、文化等各个方面给我国设置阻碍,力图遏制我国的发展。特别是在文化方面,一些西方国家利用全球化、信息化的便捷,传播渗透消极落后的西方文化思想,意在腐蚀我国青年大学生的思想,从日益激烈的世界竞争中渔利。

面对这样严峻的形势,加强对大学生的思想政治教育刻不容缓。这对高校的育人工作提出了更高的要求。因此,高校教育的育人使命要顺应时代的要求。高校要因时而化、因时而进、因时而新,落实立德树人的根本任务,全面推进课程思政建设。

(二)课程思政的实践基础

课程思政的开展有着坚实的实践基础。课程思政的理念来源于实践,经过实践的检验发现问题,通过分析问题的原因和特点,针对实际情况中出现的问题形成进一步的新认识进而解决问题,并不断完善和强化,然后再回到实践中指导行动,促进课程思政产生良好的育人效果。

课程思政理念是在不断总结实践经验和教训中提出的。教书育人是教师的首要职责,但在真正的教学实践中,有些专业教师却只做到了"教书",而忽略了"育人"的重要性。崇尚知识无可厚非,但把知识传授作为唯一的教学任务就有所失职。知识力量发挥作用也需要道德的"监督"和"润色",如果只是一味地任由知识不合乎道德规范地"自由发挥",这对世界来说可能是灾难,如克隆技术的滥用、人工智能的不当研发利用等。而且,这种一味强调知识技能更有用的思想,对当代大学生的影响是不利的。轻视道德价值观的教育,直接影响大学生与他人形成良好的融洽关系。没有正确价值观的指引,存在很多安全隐患,大学生也难以融入社会并推动社会发展,人生价值的实现更无从说起。可见,缺乏道德的约束,影响的不是一个人而是整个社会。随着时间和实践的深入,党和人民更加充分地认识到思想政治教育的重要性,看到了在这个知识大爆炸的时代,需要道德的引领,也看到了教育合力所产生的巨大育人潜能,积极倡导激发课程发挥育人的作用。人们正是在这样的教育教学的实践基础上,根据存在的突出教育问题提出了课程思政的教育理念。

课程思政理念还会在实践中不断完善和发展。理论的提出,都需要实际的践行,才能促进认识的发展和理论的完善,反过来再更好地指导实践。正是在实践中,课程思政的理念才深入人心,激荡起无穷的力量。全国各高校在课程思政的理念指引下,积极响应开展课程思政改革,在实践中不断发展课程思政理念。

三、课程思政与思政课程的关系辨析

从教育主体角度来看,课程思政的核心主体是专业课教师,其主要负责专业知识的传授与学生能力的培养和提升;思政课程的核心主体是思政理论课教师,主要帮助学生提升思想道德修养与综合素质,是做好思政工作的重点队伍。

从课程任务角度来看,专业课开设的主要目的是让学生掌握专业知识与技能,为学生未来发展提供知识与能力保证,但专业课同样要承担育人的重要功能,重点在于要深入挖掘课程中蕴含的思政教育资源、在课程教学中发挥好隐性育人的重要功能,提升专业课教师的育人影响力,切实做到与思政课程的同频共振。思政理论课是完成立德树人目标的关键课程,重点任务是突出课程的政治性、思想性、育人性,强化思想引领、政治认同和价值引导。因此,我们应正确看待与辩证处理课程思政与思政课程的相互关系,既不能本末倒置,简单地用课程思政替代思政课程,也不能忽视专业课程在学生思政教育中的重要作用。

高校教师在传授课程知识的基础上引导学生将所学的知识转化为内在德性。课程思政是要强化专业课教师的育德意识与责任,通过专业课教师在知识传授与能力培养的基础之上,充分挖掘与渗透思政教育因素,整合专业课课程中所蕴含的思政教育资源,将思想政治教育的精髓融入专业课程的课堂内外,在教师率先垂范的效应下,充分发挥各个课程的育人功能和价值,做到思政寓于课程。因此,专业课教师在课程思政的实践中,一是要提升自身综合素质,做到正面示范、言传身教;二是要注意挖掘和运用专业课中蕴涵的隐性思政教育资源,在专业知识与技能的教授中融入理想信念、工匠精神、诚实守信、敬业奉献等美好品德的引导;三是要主动在职业生涯规划、择业就业等与学生自身相关的问题中帮助他们树立良好的心态,指导他们做出合适的选择。但由于专业不同、课程定位与课程性质也会有所差异,高校及各类别的专业课教师在课程思政的实践中要做到发挥优势、分类指导。例如,对应用型专业的学生,教师可加强敬业精神、工匠精神的教育;对于研究型专业的学生,则可加强科学精神、创新精神的引领,从而进一步实现课程承载思政。

综上分析可见,课程思政与思政课程的育人目标、育人责任是高度一致的,但所承担的育人任务各有侧重,育人方式也各有不同,两者相辅相成、相互补充、密不可分、有机衔接。因此,在重视思政课程在育人中的重要作用的同时,必须进一步发挥好专业课教师与专业课程育人的优势,从挖掘课程中蕴涵的思政教育元素、强化专业课教师育人意识为出发点,做到专业课程中有思政,真正实现传道、授业、解惑的一体化推进,使全员、全过程、全方位育人达到新的高度,不断提高人才培养的质量和水平。

四、课程思政理念的特征

课程思政理念的提出是为了改进和加强高校思想政治工作,对于落实高校教书育人的主体责任,对于确保全员、全过程、全方位育人要求的实现具有重要的推动作用,也有助于全面提高高校思想政治工作的水平和质量。加深对课程思政的内涵定位、育人为本导向和问题导向等的认识,系统规划课程思政的生成路径,对高校坚持社会主义办学方向,培养德才兼备、全面发展的人才具有重要作用。

(一)课程思政代表了新思想政治教育观

课程思政结合中国特色社会主义环境下高校对人才的培养需求,倡导将知识传授与思想政治教育相融合,形成新的育人模式。具体而言,一方面,课程思政实现了知识传授与思想政治教育的融合。各门学科、各类课程的育人功能依托其学科领域知识与实践方法的积蕴,将价值引领融入相应的专业知识传授,同时实现了知识传授与价值引领的育人功能。不同学科知识、理论和方法的引入,将在更深、更广的层次上推进思想政治教育突破传统教育理念的局限,逐步摆脱对单向灌输等传统教育方式的路径依赖,不断增进教学内容的知识性、学理性以及教学方法的多样性,从而形成科学、系统的思想政治教育体系,满足大学生的成长成才需求。另一方面,课程思政有助于高校思想政治教育内涵和外延的丰富与拓展。课程思政将不同学科课程进行功能整合,使其融入思想政治教育的总体格局,这就极大地拓展了思想政治教育的内涵体系,使高校思想政治教育不再局限于思想政治理论课,而是拓展至所有课程。思想政治教育的内涵由此得以丰富,其教育吸引力和感染力也必将得以提升。

(二)课程思政始终坚持育人为本的导向

课程思政的实施,有助于高校思想政治教育的发展提升。推动思想政治教育的现代转型,核心之处在于其明确坚持"育人为本"的导向。在"育人为本"的导向下,推进课程思政的教育教学改革,需要从学科、教材、教学、管理等方面做好规划和引导。

首先,从学科上来说,课程思政要重视哲学社会科学的育人功能。正如习近平总书记在哲学社会科学工作座谈会上所言:"高校哲学社会科学有重要的育人功能,要面向全体学生,帮助学生形成正确的世界观、人生观、价值观,提高道德修养和精神境界,养成科学思维习惯,促进身心和人格健康发展。"这段话指明了高校哲学社会科学的使命和责任,明确了哲学社会科学育人功能的基本内涵。哲学社会科学所具有的培养学生的理想信念、道德情操、法律意识、生活态度等功能,也为课程思政的实施提供了充分的可能。这主要在于哲学社会科学与思想政治教育之间具有同向性,是高校思想政治教育的重要载体和主要力量。哲学社会科学与思想政治教育之间的这种契合性和相通性,使其成为高校思想政治教育的重要载体,以及课程思政教育教学改革的重要组成部分。

其次,从教材上来说,应加强教材编审,这是因为推进课程思政教育教学改革,必须推进教材体系的相应发展。比如,编辑一批政治立场端正、内容科学、体系完备、特色鲜明的核心教材,使其不仅能够充分适应中国国情和社会发展实际,还符合社会主义核心价值观,同时建立统一的教材编订和管理制度,以确保教材的质量。

再次,从教学上来说,应制定完备的教学指南,明确相关专业课所对应的价值教育内容。课程思政要求高校各类课程都能体现育人功能,且必须明确各门学科、各类课程所应承担的思想教育和价值引领内容,同时要以课程思政为导向,制定清晰明确的教学大纲和教学指南。在尊重各类课程的差异性和独特性的基础上,吸收和借鉴思想政治理论课的教学经验,融合哲学社会科学课程与思想政治教育教学方案,从而形成相应的教学指南,为课程思政提供具体指导。

最后,高校要积极改进教学管理,强化课堂教学的思想政治教育主导作用。课堂教学是推进课程思政教育教学改革的核心环节。因此,只有加强课堂教学管理、提升课堂教学质量,才能真正落实课程思政理念,推进课程体系建设。加强课堂教学管理,一是要建立健全相关教学管理制度,将思想教育和价值引领明确纳入课堂教学管理制度;二是不断改进课堂教学方式,完善理论知识与实践方法相结合的课堂教学模式,加强实践教学环节,引导学生在理论学习的基础上,通过实践深化对理论的认知和理解,以及在实践过程中加强价值认同,完成价值内化;三是完善教学评价体系,将思想教育和价值引领作为课堂教学评价和教师教学评价的指标,推进课程思政教育教学改革实施。

(三)课程思政十分注重问题导向

中共教育部党组于 2017 年 12 月 4 日印发了《高校思想政治工作质量提升

工程实施纲要》(以下简称《纲要》)。《纲要》在阐述高校思想政治工作的基本原则这部分内容时,指出新时代高校思想政治工作的基本原则之一是:"坚持问题导向,注重精准施策。聚焦重点任务、重点群体、重点领域、重点区域、薄弱环节,强化优势、补齐短板,加强分类指导、着力因材施教,着力破解高校思想政治工作领域存在的不平衡不充分问题,不断提高师生的获得感。"在此原则指导下,课程思政也坚持问题导向,重点破解课程思政所面临的各类困境。从现实性来说,课程思政是一种整体性的课程观,既有助于突破思想政治理论教育集中于思想政治理论课的瓶颈,又能缓解思想政治理论课"孤岛化"的现实困境。课程思政以育人为核心目标,贯通不同学科和课程,使各学科课程都能真正参与高校育人工作,体现育人价值。在这一导向下,各类学科课程与思想政治理论课之间形成协同合作的整体,相互滋养、相互支撑,形成育人合力,共同作用和服务于立德树人这一根本任务。从教学目标来说,课程思政积极探索构建思想政治理论课、综合素养课程和专业课"三位一体"的思想政治教育教学体系,使各类课程与思想政治理论课形成协同效应。此外,在课程思政理念的引导下,各类课程都要发挥不同的育人功能。例如,思想政治理论课作为高校思想政治教育的主渠道,需要承担系统化开展马克思主义理论教育教学的主要职责;综合素养课等课程,则注重在培养人的综合素质的过程中筑牢学生的理想信念,传承中华优秀传统文化,提高学生的人文内涵;而哲学社会科学和自然科学课程作为专业课,在其具体的专业知识等的教育中凸显价值引领和人格塑造功能。各类课程在育人目标的实现上相辅相成,体现出新的思想政治教育观。

五、践行课程思政理念的重大意义

践行课程思政的理念,既是提高思想政治理论课的教学效果和提升思想政治工作质量的重要保证,也是培养时代新人的内在需要。

(一)有效提升高校思想政治理论课的教学效果

高校思想理论课是高校思想政治工作的主要阵地和重要渠道,思想政治工作融入课堂教学,目前主要体现在高校思想理论课中。但是在实践教学中,思想政治理论课的课堂教学效果却不甚理想,常出现理论枯燥、课堂出勤率低、抬头率不高等现象。目前高校对大学生进行思想政治教育,是以课堂教学形式为主来传授政治知识、引导思想认知。这种形式是以"直线式"思维为基础,教学内容相对滞后,教学方法相对单一,对学生吸引力不够。课程思政理念的提出,对提高当前思想政治理论课的教学效果有直接促进作用,体现在以下几个方面。

1. 有助于全体教师尽快确立"全过程、全员育人"的理念

课程思政理念的实施,一方面,要求所有的教师在课堂教学过程中科学处理好知识传授和价值引领的关系。在加强思想政治教育的总体目标下,各门课之间要共享信息、加强关联,每门课的授课教师都要增强育人意识和育人责任,交流互动,形成人才培养的全面联动机制。另一方面,能有效改变极少数专业课教师中可能存在的"思想政治理论课是跟风课"的错误观念,使其逐渐认识到马克思主义理论和马克思主义中国化最新成果的博大精深,逐渐认识到马克思主义的重大价值,自觉增强对马克思主义经典理论的认同。

2. 有助于进一步有效挖掘各学科课程的思想政治教育资源

之前的情况是,只有部分课程主动开展思想政治教育,更多时候是少数职能部门的"单打独斗"和少数教师的"自主摸索"。这无法满足现实生活中学生的多元化需求,也不能适应新时代社会发展的复杂性、多变性。通过实施课程思政,可将更多的部门、教师调动起来,对各学科、各课程中蕴含的思想政治教育资源进行深入挖掘,使学生在学习知识的过程中,提升自己的能力、完善自己的人格、培养自己的正确价值观,并将个人成长与社会发展协同起来。

3. 有助于逐步形成合力育人的体制机制

实施课程思政,一方面,能推动各类课程教师逐渐形成齐抓共管、协同合作的育人合力。思想政治理论课教师将对学生的思想政治素质的培养放在首位;综合素养课教师将培养学生的思想政治素质和培养学生的综合素质结合起来;专业课教师把专业知识传授和价值观引领有机统一起来,形成优势互补的合力育人机制。另一方面,实施课程思政能推动学校各部门之间的通力合作。教务处和研究生院在课程建设上统筹协调;宣传部门和文科处在课程内容导向上把好关;学生处和团委在社会实践环节做好设计;财务处和规划处等在综合资源保障上下功夫;服务保障部门积极做好全方位的配套支撑;等等。全校上下一盘棋,协作发力。

(二)有效提升高校思政工作质量

相比于传统的思想政治教育理念,课程思政在观念上有所突破、在载体上

有所拓展、在内容的丰富和方法的创新等方面都有所提升。通过创新思想政治教育理念,主动转变思路,充分挖掘各类课程的思想政治教育资源,促进包括综合素养课、专业课在内的各类课程与思想政治教育有机融合,从而扩展思想政治教育的内涵与外延,实现全员育人、全过程育人的大思政。这对于提升高校思政工作质量有着重要的意义。

1. 有助于推动思政工作与课堂育人形成育人合力

在传统的观念中,思想政治教育一般依赖于思想政治工作。但课程思政的理念则认为,要发挥课堂的作用,加强课堂教学与思想政治教育的融合,强化通过课堂教学来增强育人的实效性。

高校的重要使命是立德树人,不仅要实现知识探究、能力培养、人格养成的目标,更核心的任务在于价值引领——引领大学生成长成才。对大学生开展思想政治教育,并不是思想政治工作的"专利",也不是思想政治理论课的"专利",而是所有教师、所有课程共同的使命。因此,利用好课堂教学,也是对学生进行思想政治教育的重要途径。但课程思政并不是要求所有教师都在课堂上进行直接的道德灌输和说教,而是要从教学目标出发,深入挖掘各专业课程中的思想政治教育资源,加强对学生理想信念、道德价值等的科学引领。

教师在课堂教学中要注重理论与实践相结合,既要立足于中国特色社会主义建设的伟大实践,讲好中国故事,又要从每门课的知识点中挖掘思想政治教育元素,在课堂中做到育才与育德的统一,以潜移默化的方式引领学生关心党的发展和国家建设,引领学生处理好个体成长与奉献社会的关系,进而为涵养社会主义核心价值观提供理论基础,为践行社会主义核心价值观提供精神底色。特别是德高望重的学科专家、知名教授,由于其本身具有较高的道德威望和学术权威,在学生群体和社会上具有较高的被认可度和被信任度,他们在传授专业知识的过程中所传递出的家国情怀等正能量的内容,对大学生而言将更具有亲和力、感染力和渗透性。以课堂教学为载体加强大学生思想政治教育,将课堂主渠道功能发挥至最大化,有助于与思想政治工作形成思想政治工作共同体,发挥出全员育人的教育合力,进一步提升高校思想政治工作质量。

2. 有助于实现思政教育由"阶段"育人向"全程"育人提升

高校的思想政治理论课主要集中开设在学生的大一和大二阶段,部分教师惯性地认为进行思想政治教育是思想政治理论课的责任,这就使得思想政治教育呈现出"阶段"育人的特征,很大程度上制约着高校思想政治工作的整体效果。2017年2月,中共中央、国务院印发了《关于加强和改进新形势下高校思想政治工作的意见》,并提出:要加强对课堂教学和各类思想文化阵地的建设管理。充分挖掘和运用各学科蕴含的思想政治教育资源,要坚持全员、全过程、全方位育人原则,把思想价值引领贯穿教育教学全过程和各环节。高校在加强思想政治理论课建设的同时,要发挥各门课程的育人功能,挖掘大一到大四每个阶段、每门课程的育人作用,进而实现思想政治教育由"阶段"育人向"全程"育人提升。

课堂教学活动是高校的基本活动。如果思想政治教育工作都集中在前半段,那么当这些课程结束后,大学生的思想政治教育的课堂理论教学就会出现空白。由于思想政治工作是做人的思想工作,而人的思想又会呈现出主观性和复杂性的特点,因此,思想政治教育不是一个阶段和一个时期的集中教育就可以完成任务的,需要思想政治工作者持之以恒、久久为功的努力,需要将思想政治工作贯穿在大学生学习、成长的整个阶段,这样才能实现思想政治教育"全程"育人的目标。因此,要提升大学生思想政治工作的成效就必须超越"阶段"目标,树立"全程"育人的理念。课程思政正是这一理念的体现,其帮助思想政治工作实现由"阶段"育人向"全程"育人提升。

课程思政并不是要增开一门课,也不是开展一项活动,而是挖掘专业课的育人资源,通过潜移默化的方式实现全过程的育人引导。大学课程教学活动贯穿于大学的始终,课堂教学又是育人的主渠道。教师在传授知识的同时,要做到价值引领和知识传授的统一,隐性地开展思想政治教育,传播社会主义核心价值观。这样,既不会引起学生的反感,又能实现全过程的育人目标。高校教师应坚持"种好责任田""守好一段渠",在课程教学中贯穿思想政治教育,这对于完成"全过程"育人的思想政治工作有着重要意义。

(三)有效培养时代新人的内在需要

高校各类课程与思想政治理论课的协同发展,突破了过去将思想政治教育局限于思想政治理论课的观点,成为新时期高校推动课程思政、发挥课堂育人主渠道作用的根本方针。充分理解课程思政,用好课堂教学主渠道,在高校坚持社会主义办学方向、确保育人工作贯穿教育教学全过程、实现立德树人的根本任务等方面有着重要实践意义。

1. 能确保高校始终坚持社会主义办学方向

中国特色社会主义高校办学的根本性问题在于"培养什么样的人,为谁培养人,如何培养人"。这一根本性的问题,直接决定着中国特色社会主义高校的办学方向。改革开放以来,中国共产党始终坚持中国特色社会主义方向,选择了一条从中国国情出发又顺应世界发展潮流的中国特色社会主义发展道路,并取得了前所未有的发展成就,为实现中华民族伟大复兴的中国梦奠定了坚实的物质基础。但是,中华民族伟大复兴不是一朝一夕就能实现的,而是需要经历一个长期的过程,需要一代又一代人为之不懈奋斗。其中,高校无疑肩负着重大的责任。这就要求高校始终把培养一代又一代的中国特色社会主义事业的合格建设者和可靠接班人作为初心和使命。

围绕这一初心和使命,高校的发展方向就需要始终同中国特色社会主义建设的现实目标和未来方向保持一致:努力做到为人民服务,教民之所需,育民之所求;始终坚持为中国共产党治国理政服务,确保党对高校的绝对领导,确立马克思主义在高校意识形态领域的主导地位;始终坚持为巩固和发展中国特色社会主义制度服务,坚定道路自信、理论自信、制度自信和文化自信;始终坚持为改革开放和社会主义现代化建设服务,培养中国特色社会主义合格建设者和可靠接班人。而要做到始终坚持社会主义的办学方向,高校就必须进一步加强思想政治教育。高校践行课程思政的理念,让所有的教师、所有的课程、所有的环节都明确"培养什么样的人,为谁培养人,如何培养人",就能更好地明确中国特色社会主义的办学方向,坚持社会主义大学的育人导向,把立德树人根本任务落到实处,确保社会主义大学人才培养目标的顺利实现。

2. 能确保育人工作贯穿教育教学全过程

一直以来,我国的教育事业都十分重视育人工作,把育人作为教育教学最重要的功能。知识传授是育人的重要基础,课堂教学是育人的主渠道,学用结合是育人的重要目标。

课堂教学是大学教学的基本途径,也是联系师生的纽带,更是生发教育意义的场所。课堂教学的重要性不言而喻,它不仅是讲授专业知识的主渠道,也是开展思想政治教学的主渠道。在传授专业知识的同时,教师自身的修养和人格对学生也产生潜移默化的影响。"学高为师、身正为范",教师的教育教学也承担着思想政治教育的功能。在课堂教学过程中,教师通过加强马克思主义理论研究和建设工作,创新教学方式方法,增强思想政治理论课亲和力、说服力和感染力,实现对学生的育人引导;教师在通识教育中融入德育,潜移默化地传达价值追求与理想信念;教师在专业课教学中,通过挖掘专业课中蕴含的思政元素,以专业知识为载体,通过言传身教,实现对学生思想的引领。践行课程思政的理念,将思想政治教育贯穿于高校教育教学的全过程、全环节,能更好地提高高校育人工作质量,让一代代接受马克思主义理论教育的青年大学生真正成为建设和发展中国特色社会主义的栋梁之材。

3. 能确保实现立德树人的根本任务

人才培养是学校的根本任务,立德树人是学校的根本使命。当前,高校办学面临着复杂多变的国际、国内环境,教育对象的个性十分鲜明、思想活跃,经受着各类思想观念交锋和多元思想文化碰撞的挑战。这给高校的发展带来了机遇,也带来了较大冲击:学生的思想容易受到外界的影响,他们除了在学校中接受主流思想和社会主义核心价值观教育外,还会受到社会各类非主流舆论和其他价值观的影响。这就需要教师不仅注重对学生知识和能力的培养,更要做好对学生的思想引领和价值观的塑造工作。

因此,教师的使命不在于简单地向学生传授知识,还在于解答学生在成长过程中遇到的疑惑,加强对学生的正向引导,将学生培养成合格的社会主义建设者和接班人。践行课程思政的理念,明确要求教师在教学、科研、管理和服务工作中,既服务于学科专业的发展,又承载着对学生的精神塑造。高校要进一步加强对课程思政的宣传,引导全体教师在教育教学工作中自觉践行社会主义核心价值观,并以社会主义核心价值观引领学生的价值成长和价值构建,通过澄清借助网络迅猛传播的各种错误思潮,消除它们给学生成长带来的负面影响,帮助学生扣好"人生的第一粒扣子",以确保立德树人根本任务的实现。

第二节 高校体育课程与思政教育的融合发展

一、体育具备融合思政教育的优势

(一)体育的内容蕴含丰富的思政教育资源

体育是人类文化生活的重要组成部分,是人们追求自身全面发展的重要载体。在个体发展层面,体育与德育具有融通性。体育中的育人主题与思政课的教学目标具有一致性,体育中蕴含的育人资源有助于丰富和优化思政教育的内容。

首先,体育能够培养学生的爱国主义精神和民族精神。体育事业的进步、体育竞赛的荣誉可以激发学生的爱国热情和民族自豪感。体育发展史中有丰富的奋斗拼搏、为国争光的案例,教师可利用这些案例实现爱国主义和民族精神的思政教育目标。其次,体育能够培养学生法治观念和规则意识。体育课程中涉及的运动项目的规则、体育竞赛的规定可使学生逐渐形成法治观念和规则意识,并将其转化为自身的内在素养。再次,体育能够锻炼学生的意志品质和社会适应能力。体育活动环境的多样性、体育比赛的多变性以及体育锻炼的艰巨性都对学生的意志品质和适应性提出了挑战。学生只有具备顽强拼搏的精神和百折不挠的品质,才能熟练掌握体育技能,完成体育训练任务。而学生在体育学习过程中培养的意志品质又能进一步转化成社会适应能力。最后,体育能够培养学生的集体主义精神和协作意识。很多体育活动需要通过团体协作才能完成,学生只有以集体为中心,各尽其责,共同努力,才能取得最终胜利。

(二)体育以现实、形象和感染力强的形式为学生提供了思政教育的内化情境

体育所蕴含的思政教育资源或个体榜样是具体形象的,可给人直观的感受。具体的形象比抽象的理论更易被学生接受,对学生有着更为显著的教育作用。体育的思政教育功能大多是通过体育比赛或体育活动来实现的。"寓教于乐"是体育的特点。体育活动形式多样,使人感到自由、轻松和舒畅。体育活动具有感召力,尤其是集体项目热烈生动的氛围,会使学生产生融入感。体育很容易激发学生的情感因素,有利于实现学生特定道德原则和规范的内化,达到思政教育的目的。此外,体育还具有显著的实践性。学生通过参加体育活动,经历直接的情绪体验,更容易形成对思想道德观念和价值的认可,并将其内化为自身素养和品质。

(三)体育教育覆盖的教育对象广泛

大学体育作为高校的公共必修课程,已经实现了大一、大二年级的全覆盖,各专业的学生都要进行 4 个学期的体育学习。很多高校积极探索体育教育改革的有益模式。部分高校提出增加体育课程的设置,将体育教育贯穿整个大学阶段,并尽可能在研究生学习阶段开设体育实践课程。除体育教学外,体育比赛、群众性体育活动以及校园体育文化的建设将持续推进。体育教育覆盖面极为广泛,体育的影响已经深入校园生活的各个方面。因此,体育相对于其他专

业课程,其受教育群体广泛,更加具备开展思政教育的优势条件。

二、高校体育课程提升思政教育的实效性

高校体育课程不仅承担着"野蛮学生体魄"的核心任务,且肩负着"文明学生精神"的思政教育职责,要实现高校体育课程和思政教育同向同行,重点是在社会主义核心价值观的引领下建立科学系统的体育课程思政内容体系。高校体育课程的每个模块都蕴含着丰富的思政元素,需要体育教师在传授大学生体育知识和技能的过程中,主动挖掘并运用好高校体育课程教材,将理论与实践相结合,促进高校体育课程与思政教育的融合。

(一)高校体育课程对大学生爱国主义精神的培养

高校体育课程可以有效培养大学生的爱国主义精神。体育教师可以将女排精神、乒乓精神、体操精神等彰显体育精神的思政元素融入高校体育课程,以树立大学生的爱国主义精神和民族自信心,并潜移默化地厚植学生的爱国主义情怀,提升大学生的国家认同感和民族自豪感,引导大学生树立正确的世界观、人生观、价值观和家国情怀。

(二)高校体育课程对大学生顽强拼搏、吃苦耐劳精神的培养

高校体育课程不仅可以强健大学生的体魄,更能磨炼大学生的意志。大学生作为新时代青年,要有积极健康的生活方式和人生态度。百折不挠、勇往直前,方能体现大学生的精神面貌。在高校体育课程中,体育教师可以通过向大学生讲解特定时期的体育人物或事件,将有血有肉的人物和可歌可泣的事迹等思政教育知识具体化,培养大学生顽强拼搏、吃苦耐劳的精神,引导大学生形成良好的人格与品质,促进大学生更加全面健康地发展。

(三)高校体育课程对大学生团队协作、自信自强精神的培养

体育精神不仅蕴含在为国争光的运动员中,也内化在中华民族的奋斗基因中。同时,体育运动项目强调团结协作和自信自强精神。我国运动员多次在国际各种赛事上为国争光,增添了世界人民了解中华运动健儿的新窗口,这些都离不开运动员之间的共同协作和相互配合。体育运动如果没有团队的相互协作,其魅力便会大打折扣,运动员也很难取得优异的成绩。例如,我国体育领域

的体操精神、乒乓精神、女排精神等都是以团结协作为基石的,即便是单人进行的运动项目,背后也需要强大的团队支持。因此,体育教师在高校体育课程中可以灵活运用集体练习、指定分组、补偿式分组等方式,让大学生互帮互助,培养大学生团队协作和自信自强精神。

三、思政教育对高校体育课程具有促进作用

(一)思政教育能深化高校体育课程的教育功能

课程内容的构建是实现课程目标的重要手段。高校体育课程的目的不是要将大学生培养成优秀的专业运动员,而是要按照独特的体育教育模式将其培养成综合素质较强的人才。从这个意义上讲,高校体育课程的内容与思政教育有很多相似和共通之处。从教育路径表现形式的多样性来看,高校体育课程的内容是思政教育的重要组成部分,其作用突出了思政教育的重要性。在高校体育课程中加入思政教育,可以使大学生在拥有体育专业技能的基础上树立正确的价值观念,培养较强的综合能力。体育教师应根据"健康第一"的指导思想,在人才培养方案、教育理念、教学设计等环节中融入思政教育元素,编写校本体育课程教材,根据大学生的实际需求,结合大学生的身心发展特点和兴趣爱好,将不同体育项目中蕴含的思政教育元素与授课内容科学合理地融合,激发大学生参与高校体育课程的动力,最终达成培养综合素质人才的目标。

(二)思政教育能完善高校体育课程的目标制定

要想更好地开展高校体育课程,就要明确高校体育课程的培养目标,高校体育课程培养目标的制定能充分调动大学生参与体育课程的动力和热情,促使大学生的学习状态由被动变为主动。思政教育能帮助高校体育课程不断完善自身的课程目标,从而引导大学生学会选择合适的运动方法释放不良情绪和压力,养成积极乐观的态度和良好的生活习惯,培养大学生的逻辑思维,增强大学生独立自主的创新意识和个性的发展。

(三)思政教育能改善高校体育课程的教学方法

从高校体育课程的现实情况分析,创新教学方法能提升大学生对高校体育课程的认知。灵活的教学方法不仅能有效调动大学生的参与热情,还能最大限

度地释放体育运动的魅力。传统的体育教学模式、教学理念较滞后,体育教师一般只是完成大纲中的教学任务,以评价内容作为主要教学内容,大学生的参与感低,无法被高校体育课程所蕴含的体育精神感染。相比之下,在高校体育课程中增加比赛教学、严格规则、分组对抗、量化内容等形式能更好地体现思政教育的内容,让大学生体会高校体育课程所包含的体育精神,在体育中真正践行法治社会的思维方式。以集体荣誉感来激发大学生的参与热情,通过教学比赛和自主体验让大学生广泛了解体育精神内涵,获得思想政治的精神内核。

四、高校体育课程与思政教育融合发展是时代的需要

(一)适应国家思想政治教育改革的需要

将立德树人作为当前高校教育教学工作的根本任务,在认识上明确了当前我国高校教育工作的主要目标是解决为谁培养人的问题,也体现了我国高等教育工作的重要地位。2017 年,中共教育部党组印发《高校思想政治工作质量提升工程实施纲要》,要求改变传统的思政教育模式,全力推进以课程思政为目标的教学改革创新。学校思政工作要完善课程体系,解决各类课程相互配合问题,发挥融入式、嵌入式、渗入式的立德树人协同效应。高校体育课程与思政教育融合发展能使思政教学更具参与性与体验性,更加贴近学生、吸引学生。正是通过生动鲜活的情景激发学生情感、调动学生情绪、培养学生情操。因此,将高校体育课程与思政教育有机融合顺应时代号召,能更好地贯彻落实时代改革的要求,全面推进素质教育。

(二)提升新时代大学生政治素质的需要

思想政治工作是高校的生命线,学生思想的熏陶是重中之重。办什么样的院校、培养什么样的人才,是办学育人首先要解决的问题[①]。着力培养有理想、有情怀,敢于担当、甘于奉献的社会主义接班人是新时代背景下的首要工作任务。高校作为高层次人才培养的摇篮,肩负着培养祖国未来建设者和接班人的重任,其培养的大学生必须具备高度的使命担当和坚定的政治素质。但是,新时期高校大学生体现出的理想信念缺失,在学习生活中缺乏目标及前进动力的

---

① 赵富学,陈蔚,王杰.“立德树人”视域下体育课程思政建设的五重维度及实践路向研究[J]. 武汉体育学院学报,2020(4):80-86.

现状也不容忽视。朝气蓬勃、思维活跃的他们在面对复杂的国际形势时也容易产生思想困惑,因失去判断力而犯错。因此,在高校培养德才兼备的高素质人才背景下,深入挖掘体育课程中思政元素,科学拓展体育课程广度和深度,持续加大高校大学生理想信念熏陶,一直是高校思政教育工作的重要课题。高校体育课程必须全面贯彻党的教育方针,找准在体育强国建设发展中的目标定位,坚定落实立德树人的根本培养任务,共同提高高校学生的思想政治素质。

(三)完成高校体育核心素养目标的需要

新的时代背景为高校体育的育人功能赋予了当代价值,使其具有为实现中国梦铸魂,为民族振兴壮骨以及为时代新人强魂的时代意义。高校体育具有培育学生健康人格、培养学生吃苦耐劳品格、提升学生社会适应能力等多方面的价值意义,其教学目标具体涉及五个领域。但目前高校体育教学普遍重视的只有身体健康、运动参与、运动技能,这三个领域基本是围绕身体素质提出的要求。心理健康、社会适应领域的目标常常被忽视,而这两个领域要求学生具备健康的心理状态、英勇顽强的意志品质、坚韧不拔的血性气质、自强不息的奋斗精神,恰恰与思想政治教育的目标相吻合。但在现实教学中我们常常认为其较难实现,存在重"术"轻"道"、"德"与"才"分离的现象。在高校体育课程中学生可以通过实践加深对道德规则的理解,正确认识和妥善处理人与人、人与社会之间的关系,这是高校体育课程的属性优势。巧妙地将思想政治教育内容融入高校体育课程,赋予高校体育课立德树人的理念和功能,使思政教育与体育教育水乳交融,帮助学生理清体育的培养目标与时代意义之间的互构关系,明确健康的身心是达成人生理想、实现民族复兴的重要内涵,能更好地实现高校体育课程核心素养培养的目标。

第三节 高校体育课程思政建设的现状分析

一、高校体育课程思政建设基本情况

(一)课程目标引领

中华人民共和国成立以来,我国学校的体育课程先后进行了 8 次大的改革,课程目标经历了从增强体质、三基教育(基础知识、基本技能和基本技术教育)、三维(身体健康、心理健康、社会适应能力)健康到体育核心素养(运动能力、健康行为、体育品德素养)的演变过程。从表面上看,虽然不同历史时期的体育课程目标的侧重点有所不同,但是促进学生身心全面发展的核心价值从未改变。受竞技体育思想的影响,许多学校始终把传授体育知识、掌握运动技能和增强学生体质视为体育课程的终极目标,而忽视了体育课程的德育功能,窄化了课程的育人目标,矮化了课程的育人价值。体育课程是寓促进身心和谐发展、思想品德教育、文化科学教育、生活与体育技能教育于身体活动并将这几方面有机结合的教育过程,是实施素质教育和培养全面发展的人才的重要途径。

(二)思政内容融入

近年来,根据教育部关于《全国普通高等学校体育课程教学指导纲要》和《进一步加强高等学校体育工作的意见》精神,一些高校在体育课程改革与实践方面进行了一些有益的尝试,已取得了一定的成效,课程内容也呈现出多样化的趋势,其健身性和兴趣性更加接近学生的运动需求。竞技运动项目一直是我国普通高校体育课程的核心内容,对提高大学生的身体素质和运动技能水平发挥了重要的促进作用。目前,我国普通高校体育课程内容主要有竞技运动项目、民族传统体育项目、新型运动项目和体育与健康知识四大类型,而涉及体育思想、体育文化和体育精神等方面的思政内容少之又少。

通过体育教学使学生掌握必备的体育知识与技能是体育课程的重要目标。没有运动技能教学,体育课程就成了"无源之水""无本之木",也就失去了体育课程的本质特征。体育课程也是重要的思想政治教育载体,体育课程中的知识学习、运动技能训练、意志品质培养、人格塑造和社会化推进等与思想政治教育的目的、任务基本一致,是非常重要的思想政治教育资源。

(三)教学过程渗透

长期以来,我国高校体育一直被作为传递运动技能的知识性学科。在体育教学中,教师只关注体育课程的狭义功能,而忽视了广义上体育课程的"育人"功能。有些教师"教"而不"育","教"而不"研",重"技能"轻"品德",忽视了对学生的理想信念、体育精神和社会责任感的培养。习近平总书记在全国高校思想政治工作会议上强调指出:"要坚持把立德树人作为中心环节,把思想政治工作贯穿教育教学全过程,实现全程育人、全方位育人,努力开创我国高等教育事业发展新局面。"因此,体育教学不仅要传授学生强身健体的知识与方法,还要通过教学促进学生身心健康发展、培养学生理想信念和意志品质。改变传统教学模式就是要把思政教育理念和思政教育内容渗透到体育教学的各个环节,以提高德育的成效。

(四)教学评价激励

高校体育课程评价主要考核教师"教"的效果和学生"学"的效果。学生学习效果的评价包含体能、运动技能、体质健康水平和课堂出勤率 4 个方面。教师可依据《国家学生体质健康标准》和学生掌握运动技能的实际情况,采用量化评价的方法,将各考核项目按照不同的评分比例进行折算,最后评定出综合成绩,而学生思想品德及其表现在评价中并未得到应有的体现。通常情况下,体育教学中的"育"是很难测量和量化的,但能通过可测量的"体"来督促"育"的落实,这是因为"育"就蕴含在体育活动中[①]。做出正确评价的"指挥棒"对促进学生身心健康和全面发展具有十分重要的意义。中共中央、国务院印发的《深化新时代教育评价改革总体方案》提出,通过信息化等手段,探索学生、家长、教师以及社区等参与评价的有效方式,客观记录学生品行日常表现和突出表现,特别是践行社会主义核心价值观情况,将其作为学生综合素质评价的重要内容[②]。因此,对于大学生的思想道德素养的评价已成为进行体育课程思政改革的重要内容。

二、高校体育课程思政开展中的问题

高等院校体育课程思政建设正在如火如荼地推进,虽然取得了一些可喜的成果,但在积极向好的整体趋势中,仍有一些问题亟待我们分析、探究和解决,如高校体育教师对思政教育理念的认知有待提高、体育思政课程的评价体系仍以传统评价体系为主、缺乏体系化的体育思政课程、体育思政课程难以满足学生心理需要等。因此,加快推进体育教学工作,全方位贯彻思政教育理念,使体育课堂成为实践性和思政性有机统一的重要平台,成了社会、学校、体育工作者

---

① 王殿军. 体育评价要摒弃应试思维[N]. 中国教育报,2021-01-23(4).
② 中共中央 国务院印发《深化新时代教育评价改革总体方案》[EB/OL]. (2020-10-13)[2023-03-15]https://WWW.gov.cn/zhengce/2020-10-13/content_5551032.htm.

和家长关注的重点话题。

(一)教师思政教育理念的认知有待提高,落实情况不理想

在新时期全方位推进思政教育融合各学科教学的大背景下,部分高校体育教师未能全面把握体育教学改革的总目标,对课程思政建设的推进缺乏应有的重视,没有充分理解教育部于 2020 年 5 月 28 日印发的《高等学校课程思政建设指导纲要》(以下简称《指导纲要》)的指导精神,在教学过程中缺乏对学生思政意识的渗透和教育,认为体育课程仅需要关注学生身体素质的提高和运动知识、技能的掌握。同时,目前部分高校存在着无专门的思政教育课程、无思政教学要求、无系统的思政教育体系、教师未参加思政教育相关的培训与学习等情况,这也在一定程度上导致体育教师课程思政教学意识较为淡薄,思政教学效果不够理想。

思政教育理念的落实,要求体育教师转变观念从思想上重视体育课程思政建设,必须在体育教学全程中体现思政元素,具体体现在体育教学的各个环节。教师要根据各自的课程特点,将体育课程思政元素从教学大纲到教案再到课堂教学逐一落实。对于落实情况的监管主要体现在期初、期中的教学检查;同时结合教研活动、教学督导常规深入课堂听课等进行检查督促,并最终在年终考评中体现。但是,目前仍存在高校从领导到体育教师都没有从思想上真正认识到高校体育课程思政建设重要性的现象。尽管学校传达了有关文件,但是存在教师在实际工作中态度消极、被迫接受的情况,根本没有把具体的思政内容体现在体育教学过程中,而是为应付检查在教案设计中随便加上课程思政的字样。

(二)学生对公共体育课程思政的认知与现状

经过调查发现,学生对体育课程的思政内容的认知情况存在差异,对健康层面的认知程度最深,体育功能方面次之,在传统文化、家国情怀方面的认识比较浅显。这也从侧面反映出学生对思政教育的认识是清晰的,但对思政教育与体育的协同育人方面的认知还不是很清晰,对体育课程思政内容的认识也是不全面的。可见,学生对课程思政理念的了解程度偏低。而学生对体育课程融合思政教育的必要性的认识程度表现良好,大多数学生认为体育课程融合思政十分必要,只有少数人对思政教育态度消极。

(三)基于思政教育理念的高校体育课程改革仍需深化

我国高校体育课程改革已经实行了多年,但是改革成效并不乐观。调查发现,部分高校体育教师受传统教育思想的影响根深蒂固,在实际教学过程中仍采用"填鸭式""保守"的陈旧教学方法,教学手段僵化,教学理念缺乏创新,课堂环境失真,无法有效激发学生对体育项目学习的兴趣,导致教学效果不尽如人意。体育课程改革的不到位,导致体育课程思政也存在缺陷,具体表现为以下几点:

(1)在体育项目的文化和精神培育方面存在落实不到位现象。特别是在项目的体育文化、体育精神的教育教学深入和拓展不大,未能结合新时代我国体育的政治功能"以体育人",因此,新时代高校体育课程如何结合思政更好地育人是亟待改进的课程。

(2)在评价模式方面,仍以传统评价体系为主。长期以来,高等院校体育课程将更多的关注点集中在学生运动知识、技能的学习、掌握和应用上,过多地强调学生身体素质的提升,考核内容也停留在知识的机械记忆和运动技能的简单评测上,不仅缺少对学生情感态度、价值观的考核,还缺乏相应的评价体系和方法。同时,传统的体育教学评价模式也偏离了全面推进素质教育和课程思政建设的改革目标,难以促进学生的综合发展。

(3)教学方法与学生需求不契合。目前体育课教师在课堂教学过程通常采取的教学方法有讲解法、语言激励法、典型事例教育法、榜样示范法、讨论法等。通过对学生的随机调查发现,学生更喜欢游戏教学法、榜样示范法、典型事例教育法、讨论法。其中学生最喜欢的教学方法是游戏教学法。而教师常采取的教学方式主要是优秀运动员事迹的分享和先进典型的树立、言传身教、潜移默化、结合课堂常规等。体育教师在教学方法的使用上与学生喜欢的教学方法不匹配,导致教学效率低,不能取得良好的思政教育效果。

(四)体育思政课程缺乏体系化,课程思政内容挖掘不足

目前,在部分高校体育课程的教学过程中,教师并没有采取针对性的措施对学生进行思政教育,同时教学内容既不完整,也不系统,思政教育多穿插在一些热身活动和竞技活动中,虽然学生的思想道德水平有所提升,但很容易出现持续性不强的情况。同时,教师也没有根据体育学科本身的特点,结合《指导纲

要》的指导精神和社会主义核心价值观的要求设计和规范教学内容,难以发挥思政教育的价值塑造和引领作用。

一般来说,体育教师主要是依据教学大纲、学校课程思政建设指导、社会主义核心价值观三个方面来选择课程思政元素。大多数体育教师在选择公共体育课思政元素时往往关注社会层面中团结合作、公平竞争意识教育,国家层面的爱国主义教育,价值观层面的规则意识教育,身体层面的健康教育的相关内容比较多,在心理层面的超越自我、社会层面的荣誉感、身体层面的身体美等相关内容的挖掘不多。显然,教师挖掘体育课程思政元素的程度是不够的,课程思政的内容与教学内容匹配程度不足。

(五)体育思政课程难以满足学生心理需要

心理需要是指学生个体自身的内在驱动力,即因自身心理或者行为需要而产生的学习欲望、动机和行为。在当前的体育思政课程中,存在着"重技能传授、轻价值引领""教学内容没有结合学生感兴趣的话题、体育热点、学生的职业需要、未来发展"等现象,不仅影响学生参与体育课堂的积极性,也不能很好地将思政教育理念融入课堂,导致体育课程教学内容与思政教育理念的融合效果不佳。部分体育教师仅仅是将思政教育理念生硬地穿插在体育教学过程中,既没有考虑学生的成长需要,也没有采取多样化的教学方式,导致学生难以产生认同感。

第二章 高校体育课程思政的内涵
与时代价值分析

第一节 高校体育课程思政的内涵解析

一、高校体育课程思政的定义

高校体育课程思政是新时代体育课程的育人渠道,号召体育教师深入挖掘体育课程中所蕴含的思想政治教育元素,在素材选择、教学设计、话语表达等方面坚持弘扬主旋律,并结合体育学科的特点,将理想信念教育、爱国主义教育、品德修养教育、奋斗精神教育、集体主义教育等内容融入体育教学的各个环节,着力培养德智体美劳全面发展的时代新人,是高校在体育领域为更好地达成育人目标所进行的一项基础性、创新性的育人活动。体育课程思政建设是体育课程与教学领域将思想政治教育贯穿于学校人才培养体系的理念、任务、方法和过程的总和,是学校体育落实立德树人要求的基础工程。体育课程思政建设是一项系统工程,涉及体育、思想政治教育、学校建设等多方面,教育者要树立体系意识,加强系统集成,从顶层设计、课程优化、资源融合、学段贯通、体制保障等方面,规划设计好学校体育课程思政建设。

二、高校体育课程思政的特征

高校体育课程思政是新时代高校在体育领域推进思想政治教育工作的重要抓手。作为一种全新的教育理念,高校体育课程思政呈现出客观性、政治性、实践性等鲜明特征。

(一)客观性

高校体育课程思政的出现不是人们主观臆造的,它的产生有其客观性。从高校体育课程思政产生的背景来看,它是教育实践活动以及课程体制改革的结果。长期以来,人们存在这样一种思想误区:认为高校思想政治教育工作的开展依托于思想政治理论课这一核心课程,而且思想政治教育成果是否能达到预期高度也最终取决于思想政治理论课开展的到位与否。但是,思想政治教育是一个长期的系统的复杂工程,仅仅依靠思想政治教育理论课来提高思想政治教育的成效是远远不够的。为改变高校思想政治教育存在的"孤岛"现状,各高校逐渐跳出原有的思维定式,打造"大思政"格局,尝试挖掘各类课程中蕴含的思想政治教育元素,推动各类课程与思想政治理论课共同发挥育人育德的作用。诸如此类的教育教学体制改革是人类重要的社会实践活动,自人类进入阶级社会以来,便是客观存在的并伴随着人类社会的发展而不断发展变化。高校体育课程思政是人们在教育教学实践中不断探索的结果,体育教学体制改革的客观性决定了高校体育课程思政的客观性。从高校体育课程思政的实施条件来看,高校体育课程思政能否顺利开展,还受到一定的人力资源、物质设施以及环境因素等客观条件的影响,这也是高校体育课程思政客观性的表现。

(二)政治性

中国共产党自成立伊始,在推进民族复兴的洪流中,就充分地认识到了思想政治工作的极端重要性,也紧抓意识形态的建设,极其重视高校思想政治教育在坚守意识形态阵地中的重要作用。以马克思主义理论教化学生,以先进的思想火花点燃学生成长发展所需要的科学的理论灯塔,指引学生在实践中体验、感悟社会主义核心价值观,是高校开展思想政治教育的重要使命,不仅关乎意识形态的传播,而且从办学方向上体现了高校的社会主义性质。作为思想政治教育工作的创新实践,高校体育课程思政在提出伊始,就坚持以马克思主义为指导,以全面提高大学生的思想道德素质为目标,为思想政治教育工作的开展注入了活力。可以说,高校体育课程思政是为达到思想政治教育目的、完成思想政治教育任务服务的,这是高校体育课程思政实施的价值体现,也在根本属性上体现了高校体育课程思政的政治性特征和要求。坚持高校体育课程思政的政治性,用马克思主义意识形态教育学生、引导学生,确保其在社会生活中占据主导地位,这是高校体育课程思政顺利开展并取得实质性效果的重要保证。

(三)实践性

在教学环境方面,高校体育课程思政的教学活动是在开放的、空旷的场地中进行的,或者室内或者室外,多采取集体活动的形式,且必须借助一定的体育器材,这增强了高校体育课程思政的实践性;在教育对象方面,高校体育是除思想政治理论课外,大学生所必须参加的必修课,来自各个专业各个领域的大学生需要通过彼此的接触与交往来完成运动任务,也正是这样的人际交往,提升了大学生为人处世的能力,为大学生以积极的心态融入社会提供了良好的实践平台;在教学内容方面,高校体育课程思政的开展依托于丰富多样的体育教学项目,不同的运动项目对学生素质提出了不同的要求,在体育运动中,既有技能技巧的训练,也有意志品质的培养,既追求健康、强健、健美,又尊崇公平、公正、公开,向往团结、合作、友爱,并且大学生可以根据自己的兴趣爱好自主选择课程内容。大学生需要亲自参与并完成运动任务,习得运动技能,这不仅考验大学生的身体素质,而且锻炼大学生的心理承受能力,不仅锻炼了大学生的动手能力,而且有助于提升大学生的思维能力,集中展现了高校体育课程思政实践性强的特征。也正是在这样具有感染力的实践性活动中,大学生增强了情感认知,知、情、意、行得以统一。

三、高校体育课程思政的功能

(一)培育时代新人

高校体育课程思政对塑造大学生的品德、促进大学生的发展起着重要作用。培养德才兼备的人才是社会对高校人才培养所提出的基本要求,也是高校开展课程思政所要达到的重要目标。具体地说,高校体育课程思政对大学生品德发展所起的作用主要体现在以下几个方面。

1. 引导大学生树立正确的政治方向

高校体育课程思政通过挖掘体育课程中的思想政治教育资源,将其渗透到体育学科的教学中,在对大学生进行运动技能教导时,润物无声式地陶冶大学生的世界观、人生观、价值观等,因势利导地引导大学生在内心深处根植正确的文化立场、国家理念、历史观点,厚植国家自豪感、民族认同感和历史使命感,这有助于从思想上对大学生形成一种强大的凝聚力和导向力,能更好地引导大学生的思想和行为向着社会所要求的方向发展。

2. 激励大学生形成良好的行为习惯

如果在开展高校体育课程思政过程中,对于大学生的教育只是停留在思想观念层面,而忽视对大学生行为习惯的规范约束,大学生思想和行为的统一就难以实现,容易造成其行为越轨现象的发生。这样的教育是不全面的、不完善的。因此,在高校体育课程思政实施过程中,应从学科自身特点出发,既关注大学生正确的道德观、法治观的形成,又善于从体育运动的规律出发,引导大学生自觉遵守社会法律规范和道德行为准则,督促大学生在法律允许的范围内开展创造性活动。

3.引导大学生实现自身人格的完善

高校体育课程思政的开展,弥补了运动技能传授与价值引领相分离的教育缺陷,在体育教学过程中更加关注对大学生健全人格的培育,也更加重视引导大学生善用马克思主义世界观和方法论正确认识社会、认识自己,以积极主动的心态参与社会生活,从而帮助大学生在运动中形成崇高的思想境界和健康的心理素质。

(二)提升高校教育质量

高校体育课程思政对提升大学教书育人水平有重要作用。提升大学育人能力,巩固大学的持续竞争力,需要在培育人上下功夫,提升办学水平,突出办学特色,从而为国家培养优质人才,满足社会、企业对大学生素质的要求。而且,人才培养的质量也是衡量大学教育质量的重要因素。高校体育课程思政的推行,要求体育学科充分发挥课堂教学的主渠道作用,坚持知识传授和价值塑造相结合,教会学生踏实做人、认真做事,从而从整体上提升大学教育质量。

从教学理念上讲,高校体育课程思政恪守协同育人。高校其他各类课程理应与处于核心课程地位的思想政治理论课共同发挥育人作用。高校体育课程思政的提出,将思想政治教育融入体育学科中人才培养的各个环节、各个方面,实现了课堂教学中运动技能传授和思想政治教育的融合,不仅增强了体育运动的人文性,使教学内容更加丰富、生动,而且弥补了体育课程教学中育人环节的缺失,扩大了高校构建"大思政"格局的学科基础。

从教学特点上讲,高校体育课程思政坚持价值引领。高校体育课程思政的提出,旨在发掘体育课程中的思想政治教育元素,并将其融入课堂教学的过程。这一教学过程区别于思想政治理论课,并非是对学生进行思想政治教育的系统理论知识的传授,而是在内容上突显该课程中所蕴含的思想政治教育的价值理念和育人思想,将社会主义核心价值观渗透到体育运动的教学中,在潜移默化中使学生形成正确的世界观、人生观和价值观,实现对学生的价值引领。这在一定程度上直接影响着教学质量的"增值"以及高校教育质量的提升。

(三)厚植教师育人意识

高校体育课程思政对提升体育教师的政治素养、提高体育教师的育人意识有重要作用。在全国高校思想政治工作会议上,习近平总书记专门强调:教师是人类灵魂的工程师,承担着神圣使命。传道者自己首先要明道、信道。高校教师要坚持教育者先受教育,努力成为先进思想文化的传播者、党执政的坚定支持者,更好担起学生健康成长指导者和引路人的责任。① 从这一角度出发审视高校体育教师所扮演的角色,不难发现,高校体育教师作为高校体育课程思政的直接开展者,必须坚持明道、信道、传道的统一。

明道就是要求高校体育教师深刻认识和把握社会发展的基本规律和人类社会的基本美德,明确认识到我国高等教育最终是为中国特色社会主义建设服务的,清楚自己身上所肩负的立德树人的重要使命。

信道就是要求高校体育教师坚守并切实捍卫马克思主义理想信念的根基,深刻认识到马克思主义基本原理在指导人们认识世界、改造世界过程中的引领作用,在实现中华民族伟大复兴的征程中,坚定道路自信、理论自信、制度自信和文化自信,坚信我国定然会在惊涛骇浪中永耀国威。

传道就是要求高校体育教师在教育教学过程中引导学生在正确认识世情、国情、党情的基础上,积极投身于民族复兴的时代征程,通过实践活动的开展淬炼学生的爱国主义精神和时代担当。

高校体育课程思政的推行,是新时代高校体育教师在体育领域对传道授业解惑的生动呈现:高校体育教师不仅要具备扎实的体育理论知识和运动技能,而且要具有高尚的思想品德素养;不仅要向学生传授运动技能,而且要引导学生树立正确的价值观念。因此,高校体育教师必须及时转变观念,加强对政治理论的钻研,多渠道提升思想理论素养,积极探索本学科所蕴含的思想政治教育资源,在教学活动中注重言传与身教的结合、教书与育人的统一。

(四)强化体育学科文化属性

高校体育课程思政对体育学科文化的传承与发展所起的作用。作为学科

---

① 习近平. 在全国高校思想政治工作会议上的讲话[N]. 人民日报,2016-12-9(1).

的灵魂,学科文化根植于具体的学科,是推动学科不断向前发展的重要影响因素,是学科永葆生命力的源泉。高校体育课程思政的开展,立足于体育学科的发展,深入发掘体育学科课程中所蕴含的思想政治教育元素。可以说,高校体育课程思政实施的过程也就是教师向学生传授本学科所规定和要求的知识和方法、行为规范、伦理规范、道德规范、价值观和信念的过程,而行为规范、伦理规范、道德规范、价值观和信念等均属于文化范畴。从这一层面讲,高校体育课程思政的开展促进了体育学科文化的进一步传播。

一方面,高校体育课程思政的顺利开展推动学生在教师的指导下对学科中所包含的知识理论体系、研究方法、学科思维以及学科中必须遵守的规范、准则有了深入的了解,这有助于学生的价值观念以及行为模式朝着符合学科发展要求的方向迈进,进而潜移默化地影响学生的社会行为习惯。

另一方面,学生在学习和实践活动中,受体育学科周围环境的影响,也会获得一定的思想道德知识,形成一定的思维方式和行为方式,从而以更加严谨的态度和饱满的热情投身于学科文化的学习与探索中,推动该学科文化的发展。当然,高校体育课程思政的开展并不只是为了机械地进行体育学科文化传播,重要的是让学生在接受优秀学科文化熏陶的过程中深刻认识我国的优秀文化,从而不断地对其进行整合和创新,增强文化自信,为建设社会主义文化强国而努力奋斗。

四、高校体育课程蕴含的思政元素

体育课程包含了无数的思想政治元素,教师可以运用潜移默化的教育方法,把运动元素和思政元素加以有效融合,使其充分发挥育人功能,更全面地引导学生形成健全的人格、树立乐观积极的情绪。体育教学的思政与育人元素,不仅体现在运动对学校发展的影响上,更能在教育中发挥自身作用。运动素质已经成为一项意识形态,能够在很大程度上鼓舞人心,进而具有一定的育人功效。

(一)体育精神

体育精神可以很好地培育学生的爱国思想。说到体育精神,人们首先想到的是爱国主义精神,因为我们的民族正是以爱国为核心的。在大型国际体育比赛中,每当中国队员赢得比赛、看见五星红旗冉冉升起、听见播放《义勇军进行曲》,亿万中国人为之动容。这种思想和情感不仅仅是用汉字表达的爱国主义精神,更是民族文化在人们心中自发凝结而成的精华。此刻的竞技运动也不是单纯的武力对抗,而是对中国体育精神的最直观表现,尤其会对大学生具有极大的社会感染性,从而激起了大学生的爱国之情,在无形之间给大学生上了一堂思想政治教育课。有鉴于此,运动素质在培育大学生爱国情感方面起到了无法替代的重要作用。

(二)团体合作能力

体育运动有利于训练学生的团体合作能力。团体合作能力是在学校日常生活中所需要的集体实践能力,在这里还涉及协调能力的培养,领导才能的培养,团队才能的培养等。首先要确定学生在一项体育教学工作中怎么做好分配、怎么把控全局,根据每名大学生自身特点的不同,使他们充分发挥个性特色和闪亮点,做到共赢。在很多运动项目中,尤其是团体项目中,由于个人的精力是有限的,仅靠个人能力很难达到运动的整体目标,而团队协作能帮助个人取得更好的运动成绩,在运动总体功效和部分功效的关系中,总体功效等于部分功效之和,二者的相互作用密切,密不可分,这有利于促进大学生培育全局观点,立足运动总体,协调全局问题。当前,大学生思维意识活跃,个性丰富、个性强烈。进行体育运动有利于培养学生的交往才能,促进学生团队意识的培养。团队精神和奉献精神有利于培养大学生的集体荣誉感和学校班级的集体精神凝聚力,还有助于克服个人能力的缺陷,扬长避短,共同培养集体竞争意识和自豪感。参加体育运动有利于培养团队合作和奉献精神,使现代大学生更具青春活力。一名出色的选手的出现必然是整个队伍集体奋斗的成果,这与负责任的教练员、勤奋的团队,以及强大的后勤,密不可分,这也是团队合作的优势——有挑战、有突破、有协作、有协同。因此,一方面,大学生应充分认识体育运动中群体合作的重要性,积极承担并努力为群体贡献自己的能力。另一方面,大学生应该保持谦虚的学习态度,通过积极的自学逐步提高个人水平,避免成为团队的短板。

(三)坚忍的意志

体育锻炼有助于培养当代大学生不屈不挠的意志。运动的特点决定了其需要不断的练习。所以它对大学生投入程度和意志都有着相当的要求。就身体素质和心理素质而言,运动的吸引力在于可以增加练习者的耐心,帮助练习者培养坚韧不拔的性格。而多元化和复杂性也是现代大学生的重要标志,这就需要教师更加注重通过运用自己的力量来教育学生,并善于通过综合教育方法来锻炼学生的意志。不管在教学上还是在竞赛中,人们要以坚定不移的信心继续努力,因为只有这样才能发现自己的潜力,从而冲破自己的心理防线,奋发向上。学生只有全身心投入运动中,持之以恒,才能突破重重困难,最终获得成功的快乐。在运动中展开博弈之际,往往坚定、沉着而意志坚强的选手更胜一筹。

新时代,体育课程思政有着更高层次的时代要求,我们要认清体育课程思政的时代特征,明确体育课程的特殊育人效果,深入挖掘体育课程思政元素,深刻领会体育活动对学生的价值观、品德、精神、人格、认知等方面的培养与塑造作用。这有利于推进体育课程思政建设的顺利进行。

第二节　高校体育课程思政开展的必要性和可行性

一、高校体育课程思政开展的必要性

(一)促进大学生全面发展的需要

高校体育课程蕴含着"具身"和"具德"属性,涵盖对学生体育精神的教育及对中华民族的优良传统的培养。这深刻揭示了人的全面发展与体育运动的关系。大学生正处于心智发展的关键时期,高校体育课程强调大学生无论是在课堂中的努力拼搏、奋勇争先,还是在比赛和训练里的突破极限,本质都是对意志品质的磨炼。高校体育课程自身就具有丰富的思政元素,只是在过去的课程内容建设中未做相应的挖掘、归纳和应用等工作。高校体育课程具有独特的思政优势,通过教师的正确引导,能够充分发挥体育课程教学的思想政治功能,激励大学生持之以恒,坚持强身健体、陶冶情操、遵纪守法,建立正确的价值观、人生观。新时代高校体育课程思政实施具有时代必要性,已然成为直接、贴切地贯彻育人的有效途径之一。

1. 有利于提高学生的运动认知

当今社会竞争激烈,而很多学生又被从小灌输"成绩是衡量人才的唯一标准"这一错误观念。父母望子成龙,希望孩子变得优秀,在社会上占优势地位,于是过多注重孩子的成绩,只关注孩子以后的物质生活而忽略了孩子的精神生活,从而使得学生的实践经历变少,缺少经历困难、挫折的勇气。高校体育课程是运动认知类课程,其教学过程中实践环节居多,理论教授居少,体育课程思政的开展更有利于教师在学生的亲身实践中,针对学生运动认知和运动技能、思想观念及时进行疏导和改正,使其养成正确的情感、态度、思想和观念。在从事体育运动的过程中,部分学生思想较为敏感,容易受到伤害,同时这些学生也最容易进行教育。高校体育教师需要围绕体育课程和社会主义核心价值观的结合点,在体育教育中合理对学生进行教育,促进学生身心健康发展。

2. 有利于完善学生的思想教育

高校体育课程室内教学相对于其他课程较少,一般是在空旷的室外进行的,学生的身心都不受约束,有着较强的运动性、户外性。在此基础上,开展体育课程思政教育会使学生的思想价值观发生潜移默化的变化,有利于教师培养学生的思想价值观。同时,学生在开阔的场地中学习体育知识和掌握专业技能,有助于学生增强体质、增进健康、缓解压力。在此环境下,学生思想政治方面的教育和正确价值观的培养得到不断完善。

3. 有利于丰富学生的情感体验

学生通过体验体育活动中所包含的成功与失败的过程,感受体育对于思想价值观的形成和发展产生的重大影响。高校体育课程包含丰富的体育教育形式,其开展的各式各样的体育教育活动涉及学生的情感、情绪、态度、价值等,尤其是对学生的思想价值观的培养具有其他课程无法取代的作用,对于学生的思想价值观和人格的塑造是全面的、合理的。高校体育课程对增强学生体能、增进学生健康,提高学生的生活质量,帮助学生感受体育中蕴含的思想价值观都是十分重要的。高校体育课程是学生现实生活的一个重要组成部分,课上所学到的方方面面是学生未来踏入社会、工作岗位的重要基础,是必不可少的。

4. 有利于发展学生的综合素质

由于体育涵盖较广,学生通过参与体育运动,能够获得综合性的素质提升。高校体育课程思政的开展不仅对于学生的思想价值观念的培养有着重要的作用,还影响着学生的未来成长、发展。高校教师要实现学生所期待的教育目标,必须认清体育课程实质,在各类体育项目设置的课程中精心设计其架构和组织,将各个领域所涉及的思政教育内容进行总结归纳,将体育中蕴含的爱国主义、集体主义等精神,通过适当的方式表达出来,引导学生形成正确的思想政治价值观念。各高校应结合学校自身的教育特点,在固守本源的基础上联合体育课程思政的新颖优势,将体育的传统特点和蕴含的体育精神通过体育活动表现出来。

(二)体育课程与思想政治理论课发展的共同需要

高校思想政治教育工作的开展与改革是进一步加强和改进思想政治工作的重要途径。推动高校思想政治教育工作取得实效性进展离不开高校其他课程的相互配合和支持。体育课程作为高校课程的一个重要构成因素,在高校课程中扮演着重要的角色,与思想政治理论课有着同样的育人目标,对于促进人的全面发展具有重要作用。高校体育课程思政的实施响应了党的教育方针,将体育课纳入对学生进行思想熏陶、政治引领这一轨道上来,是体育课程和思想政治理论课同向同行的具体举措。

此外,我国高校存在地域特点、教学水平、教学专业领域与学校性质等差异,导致体育课程改革措施也有不同程度的差异。近年来,诸多高校体育课程从传统的体育课堂逐步向体育俱乐部演变,但其课程教学方式与课外体育活动没有实质性区别,这也导致了体育课程思政的革新缺乏统一的实施标准。同时,很多高校面临体育教学资源匮乏、师资力量不足、教学方法有待改善的问题,因此高校体育课程需要先解决本身存在的众多问题,才能将课程思政更好地融入体育课堂之中。高校体育课程与课程思政高度融合是育人与育才的必要手段,体育实践课和体育理论课相互依托,同时将思政元素融入体育课程的教学内容、教学目标及评价体系中。此过程的实施需要学校、教师、学生及相关管理部门的多方面配合,各高校间加强交流,因地制宜,建设具有自身特色的体育课程。

(三)实现立德树人根本任务的需要

德是为人处世、求学求真的基础,立德是育人的根本。对于处于时代洪流中的新青年,立德是第一要务,也是人生的必修课。高校作为培育高素质人才的主要阵地,要办好社会主义大学,就要在人才培养上尊重立德树人的规律,切实抓住树人的核心,真正筑牢立德的根基。具体地说,要造就立志于实现中华民族伟大复兴的时代新人,高校就必须凝聚各门各类学科的育人力量,在立德树人的考验中做出好文章,这是站在党和国家长远发展的历史征程上做出的重要安排。高校体育课程思政的开展是高校贯彻党的教育方针,将立德树人这一根本任务内化为体育教学的各环节、各方面的生动而具体的体现,高校不仅致力于提升大学生的体魄,使其拥有健康的身体,而且更加关注大学生的品德修养,在引导大学生践行社会主义核心价值观上开足马力,扭转了体育课堂上唯运动技术、唯达标成绩的顽瘴痼疾,有助于大学生在道德品质以及身体素质上实现双赢。

(四)加强高校三全育人的需要

《关于加强和改进新形势下高校思想政治工作的意见》明确提出,要坚持全员、全过程、全方位的育人格局。"全员"从育人主体上指出,学校的所有教师都肩负着育人的使命;"全过程"从时间维度上指出,要把思想政治教育从学生入学绵延至学生离校;"全方位"从空间维度上指出,要将学校内的各部门、各业务等串联起来,形成文化育人、实践育人、教书育人的大格局。这一部署,既能够整合当前我国的教育资源,也是对当前育人格局的一次重构。当前,我国正处于实现中华民族伟大复兴的重要历史时期,对人才培养的目标更加明确,对人才培养的要求更加严格。积极整合优质的育人资源,打造各学科联合育人的格局,是高校在新时期必须编织好的"育人网"。而且,我们必须关注这样一个现实问题:社会经济的迅猛发展以及各种文化的相互激荡在给大学生自身的身心发展创造了更多的优越条件的同时,也带来了一定的消极影响。多渠道夯实大学生人格历练的基石,塑造大学生的意志品质,在实践中锻炼大学生的自我判断能力,提升其独立选择能力,已然成为目前高校开展思想政治教育不容忽视的重要课题。高校体育课程思政的实施,是对体育教师育人意识和责任的激发;是对体育课程的育人优势以及体育课程所具有的教育资源的充分发掘;是将思想政治教育的核心内容融入体育教学的各个环节的体现。这一举措,是高校对构建"三全育人"格局的具体响应和落实,奏响了高校在体育课程思政"三全育人"中的"交响乐"。

二、高校体育课程思政的可行性

(一)高校体育课程蕴含着丰富的思想政治教育元素

人们在进行体育运动时会面临运动带来的困难。正是在克服困难的过程中,体育运动在潜移默化中培养了人的运动道德、陶冶了人的运动情操。体育作为全面发展教育的重要组成部分,能够使学生在体育锻炼中享受乐趣、增强体质、健全人格、锤炼意志,蕴含着独特的育人优势。

第一,体育运动需要对学生的身体施加一定负荷。学生在体育运动中会产生一系列肌肉酸痛、呼吸困难等生理反应,不可避免会使学生对体育运动产生排斥、抗拒心理。这就要求学生积极克服体育运动中出现的困难,锻炼顽强的毅力。这一过程不仅增强了学生体质,而且有利于锤炼学生的意志。

第二,体育运动强调学生要将一定的规范性意识牢记心中。在体育运动的参与过程中,队列队形、团体比赛、动作技术等都有相应的规则限制,这就要求学生在参与体育运动时严格遵守纪律,增强服从意识。

第三,体育活动项目具有多样性,在培养学生的运动能力的同时,也使学生在运动中收获了乐趣。同时,不同的运动项目对学生素质提出了不同的要求。在体育运动中,既要有体育运动项目技能以及技巧方面的训练,也要有意志品质的培养。这也有助于学生在享受运动带来的快乐的同时提升个人的人格魅力。

由此可见,体育中思想政治教育功能异常显著,这与高校矢志不渝地开展大学生思想政治教育是相辅相成的,为高校体育教师育人工作的开展提供了资源优势。

(二)体育教学形式直观、多样,有助于更好地实现思想政治教育的功能

潜移默化是思想政治教育的最高境界,它往往通过把教育的意向、目的隐藏在与之相关的载体中,使个体能够在耳濡目染、亲身体验中,不知不觉达到预设的效果。大学生世界观、人生观、价值观的确立,以及行为规范的养成上,都需要动态的品德实践和体验的过程。高校体育课作为公共课程,是一门实践类课程。在体育课堂上,体育教师或通过肢体语言向学生示范运动技巧,或通过语言表述向学生介绍运动规范,或采用多媒体向学生呈现教学内容;学生或通过自我练习掌握运动技巧,或通过与他人合作练习提升运动能力。在这样直观、生动、多样的教学形式中,大学生能够在自我运动参与和亲身体验中感知体育精神,对于在体育运动中所展现出来的规则意识、竞争意识、合作意识、责任感等,更容易获得直接的情感冲击。这会让大学生产生一种不由自主的融入感和参与感,从而更加深刻地接受这一教育,是对大学生进行思想政治教育并更好地实现思想政治教育功能的重要途径。

(三)体育教学环境有助于强化思想政治教育的效果

从物质环境层面讲,体育教学主要是在空旷的室内或者室外进行的,学生并非井然有序地坐于规划好的座位上,教师也并非居于三尺讲台上,而是师生共处于一个开放的、互动的环境中。高校体育课程思政在这样相对轻松的教学环境中开展,学生更容易在情感上、在实践中感知体育所倡导的精神及其思想内涵。

从心理环境层面讲,在体育教学环境中,存在着一种特殊的人际关系:学生要处理好与同学的关系,也要处理好与教师的关系;教师要处理好与同事的关系,也要处理好与学生的关系。在这样的人际交往互动中,教师在掌握学生心理规律的基础上,因地制宜地引导学生感悟运动中所传递的思想价值;学生在与他人相处的过程中,懂得合作精神、诚信等品质的重要性。

这种在运动中弘扬德育、在参与中感知德育的寓教于行的教学环境,能够在一定程度上激起学生对思想政治教育的认同和理解,从而促进学生达到知、情、意、行的高度一致,提升并巩固思想政治教育的效果,拓宽了思想政治教育实效性增强的渠道。

第三节　高校体育课程思政的时代价值与意义

一、高校体育课程思政的时代价值

(一)体育教学中贯彻爱国主义教育思想

教师是课堂教学的第一责任人。教师在高校体育课程中融入课程思政的作用直接体现在教学的过程、方式及结果中。加强体育教师思政能力的培养,是落实体育课程思政的关键。体育教师教学理念的科学性与合理性决定了体育课程思政的实施效果,"立德树人"是体育教师贯彻教学方针的起点,也是教学的终极任务。体育教师的职责与其他学科类教师相比,要更加注重对学生的生理、心理健康的关注。因此,新时代高校体育教师应该加强自身体育理论和体育实践双重发展,实现理论创新与实践创新在体育教学中的良性互动,关注学生上课时身体运动的科学性与合理性,关注学生在体育运动过程中的思政教育工作。体育教师在课前做好备课工作,预设好思政元素要体现在体育教学中的哪一个环节。

(二)自强人格模式下重塑培养方向

主体人类学从解读具体的"完整人"视角出发,将人格定义为:人格是现实完整的有特色的个人,是人的某种发展状态和发展水平。"完整人"是在人的劳动能力全面发展的基础上进一步完善的,其中尤其突出社会关系、体力、智力、道德、精神面貌、意志、情感、个性及审美意识和实践能力等各方面的和谐统一发展。全面发展从人的能力发展角度强调发展的多面性和丰富性。自由发展更多的是从摆脱对人、物和精神依赖的角度强调个性塑造。体育教育是培养学生健全人格的重要途径之一。在自强人格模式里,体育课程思政有塑造意志品质、提高团结能力、涵育审美意识的功能。使学生在体育课程中通过不懈努力达到预期目标便是最好的培养路径。

(三)探本溯源中传承中华优秀传统体育文化

中国体育与中华传统文化血脉相连,中华传统体育文化对中华民族的发展具有深远的意义,中华传统体育文化的传承是对中华优秀传统文化的延展。高校必须将对学生的培养放在首位,强调深化民族精神,弘扬爱国主义,将改革创新的时代精神与中华传统体育文化结合。传承中华传统体育文化是新时代体育强国的重点工程。当前,我国高度重视对非物质文化遗产的保护与传承,其中,中华传统体育文化的内容包含甚广,体育精神蕴含其中。体育课程可以让思想政治教育落到实处,真正做到传承和弘扬中华传统体育文化。而体育教师作为传导枢纽,通过优化教育方式,融入思政元素,能够有效地贯彻这一方针。学生作为受教载体,通过体育教师的引导及自身实践的体验,切身地去感受体育精神。通过实践到理论,理论再到实践,大学生可在体悟人生时认识到中华民族的优秀传统美德。

二、高校体育课程思政开展的意义

(一)实现立德树人目标

高校体育课程思政工作,是针对大学生的实际状况而进行的体育教育与教学研究活动,在开展高校体育课程思政工作的过程中,针对不同的体育项目、体育活动,高校体育课程思政工作的目标也有侧重点。只有通过设计课程方法、充实内容,不断创新教学模式才能在体育课程教学过程中,完整体现思政教学活动。在这种意义上来说,高校体育课程思政的目标既是学校实现立德树人的总任务,也是高校体育思政工作的总方向,是学校充分发挥体育课程培养学生的功能的体现。

(二)传承体育学科文化

高校体育课程思政继承和发扬了传统体育课程文化。体育文化是体育课程的灵魂,是体育课程具有活力的源头,也是促进体育课程持续发展的关键要素。高校体育课程思政建设首先是体育课程的发展,接着是不断深入、全面全方位挖掘体育课程中所包含的思政元素,最后是向学生传递体育课程规范和需要的知识、内容、方式、体育技术、行为规范、伦理准则、道德规范、价值观等。从这一点考虑,一方面高校体育课程思政知识推动了体育课程理论教育的深入发展,另一方面,高校体育课程思政的实施可以促进教师对体育运动中所涉及的学科理论体系、活动方法、学科观念,以及需要遵循的标准、原则的进一步认识,从而促进了学生的价值观念和思维方式向着积极健康的方面发展,并潜移默化地改变学生的社会行为习惯等。另外,学生在自主学习和活动的过程中,受到高校体育课程的影响,能掌握相对应的思想道德基础知识,形成良好思想方法和活动形式,进而对体育锻炼具有更高的热情和更多积极性,促进高校体育课程文化的成长。当然,高校体育教学思政也并非没有传统的体育文化宣传,更重要的是让学生的行为、伦理学原则、道德规范、价值观、人生观、世界观接受思政元素的熏陶。

(三)发展大学生身心健康

高校体育必修课是一个实用性强、操作性很广的必修课,而公共体育必修课的主要教学任务就是帮助学生参加体育运动、培养体育意识、树立终身体育意识观念,参加体育运动是提高大学生自身韧性和坚持不懈的途径。公共体育课程所提供的不同项目,具有不同的锻炼价值,体育运动必须能够培育大学生坚定不移、不屈不挠的意志。学生参加体育锻炼要有坚韧不拔、艰苦奋斗的运动精神。体育运动之所以能成为人类生活中的基本需要,究其原因不仅是它能给人类提供强健的体魄、健康快乐的心灵,更重要的是,它能让人类真正了解自己,敢于挑战,努力突破封闭的自我。现代社会,信息技术智能化,但人类整天面对电子产品,缺乏释放的时间和空间,缺乏真正放开自己的机会。只有从事体育运动,人们才能感受到运动带来的乐趣。人只有拥有持之以恒地从事体育运动的精神,才能有更强的意志,才能提高精力。在学校的各种体育活动中,广大大学生目睹了运动员的体育精神,从而形成了共情的力量,这也从隐性道德的层面教育了大学生。

(四)增强大学生社会适应性

如今我国经济社会正处于迅猛发展的时期,人们要想与经济社会共同发展,就应该参加社会实践活动,与经济社会发展同呼吸共命运,这样才不会被时代发展的潮流所抛弃,才能与时代发展的精神保持同步。大学生是思维敏锐、思维活跃、人数众多的群体,他们总是在第一时间捕捉到新的信息,对社会实践的参与度也很高,这是当前社会发展的一个上升趋势。无论正面事件还是负面新闻,大学生都会主动提出自己的观点,社会热点问题也能得到他们的关心。《体育的迁移价值》一书充分肯定了体育的实用价值,明确提出体育是人类道德品质的转化,书中指出:"体育可以提高学生的敏感度,发展他们的自由意志。通过运用体育运动,可以激发学生的行动意识,学生会将这种意识转移到社会生活中去。"[①]体育活动很受大学生的青睐与热爱,主要是由体育活动的特殊性决定的。运动类型丰富多样,表现形式多种多样,具有挑战性和刺激性。在参加活动的同时,学生还可以学习各种体育内容,积累经验,感受不同的氛围,体验不同的情绪,从而结识更多的人,提高人际交往能力,拓宽人生阅历,这对他们的发展道路会产生很大的影响。学校是学生社会化的重要机构,承担着使学生未来能够很好地适应社会的责任。在高校体育教学过程中,体育教师可以运用肢体语言向学生展示运动技能、通过语言表达向学生解释运动知识。学生通过自主练习体育技能、与同学合作练习、增加练习难度等方式提高运动能力,在参与体育活动过程中,学生能直观、多样地感知体育精神、感受体育运动规则、竞争、合作意识和责任感等,这能让学生迅速适应社会生活,找准目标,实现自身价值。

---

① 张斌,谷晨. 体育的迁移价值及影响它的教育因素——读马约翰《体育的迁移价值》[J]. 体育文化导刊,2005(6):62-63.

(五)提高大学生对真善美的辨别能力

参与体育活动能够促进大学生对真善美的热爱和向往。体育运动也能够影响大学生的交往技能、道德素质、内心成长,以及专业知识运用,并通过所继承的传统价值观推动其更新。高校体育课程思政能够让学生转变思考方法,变成一个豁达、旷达、意志坚强的人。在面对强敌和困难时,当荣誉与名望同样存在时,当遭遇困境与挫败时,他们明白了怎样更加理性、从容与冷静。在积极参与的过程中,大学生们知道了如何表达、创造和欣赏美。大学生在参加体育比赛时,知道真正的美是强大而准确,因为体育比赛的特点是简单、真诚、公平,让他们可以认识现实、美丽的东西,从而使他们敢于发掘生命中的美丽。

第三章　高校体育课程思政教学设计与教育内容研究

第一节　高校体育课程思政教学设计的原则

一、高校体育课程思政教学设计的基本原则

(一)以马克思主义为指导的原则

作为立党立国的根本指导思想的马克思主义,也是高校坚持社会主义办学方向的根本指导思想。高校使宣传社会发展主流思想的重要阵地,各专业各学科在开展教育教学工作时,都应该以马克思主义为指导。在高校体育课程思政设计中坚持以马克思主义为指导的原则,就是说高校体育课程思政的开展应始终与我国社会主义发展的要求保持一致,坚持正确的政治导向,传播优秀体育文化,彰显社会主义核心价值观。

巩固马克思主义在高校意识形态教育中的指导地位。当前,针对敌对势力对我国文化实行西化、分化的图谋,以及极少数青年学生在市场经济的冲击下产生的思想动荡、信念缺失等问题,高校必须坚守主流阵地,发挥马克思主义在意识形态教育中的中流砥柱作用,积极多角度、全方位做好高校的思想政治教育工作。在高校体育课程思政中坚持马克思主义的指导,就是要积极挖掘蕴含在高校体育课程中的思想政治教育资源,发挥体育课在思想政治教育中的促进作用,增强高校体育课程思政的方向性。譬如,体育课程中的集体性运动项目的开展,要求学生善于处理集体与个人的关系,保持与他人良好的合作关系,这是对大学生进行集体主义教育的有利时机;运动竞赛要求学生自觉遵守规则,明确自己的职责,这有助于提升学生敢于担当的责任感和遵守组织纪律的意

识;等等。这些丰富的育人资源能够使学生在体育运动中得到教育和启发,既达到了锻炼身体的目的,又能够有效引导学生从意识形态的高度抓住社会所抛出的准绳。

(二)社会主义核心价值观引导原则

在现代学校教育教学的模式中,"立德树人"早已成为教育教学的根本目的,当下教育教学体系中社会主义核心价值观的融入是不可或缺的,这也是当下高校课堂思政建设工作重要方向。体育教学也要从不同的方面和不同的角度引入思想道德方面的内容,将社会主义核心价值观的讲解贯穿其中,实现课堂思政与体育教学的紧密结合。在高校体育课程思政建设的社会主义核心价值观引导原则中,体育教师发挥着十分重要的作用。体育教师应明确教学目标与教学任务,将培育品德高尚的社会主义接班人作为实现教学目标的根本出发点和着力点。在互联网时代,体育教师可以根据学生的实际情况开展一些线上体育课程,更好地将课堂思政融入其中,丰富学生的体育知识,提高他们在思想道德方面的认识。

把社会主义核心价值观融入高校体育课程思政的各个环节。高校体育课程思政是高校坚持立德树人、培育新时代优秀人才的重要举措,它将学生的身体素质与精神价值素养和民族的繁荣发展融为一体,旨在培育合格的社会主义建设者,这是对马克思主义的继承与创新。开展高校体育课程思政要善于从社会公德、职业道德和个人美德等视角引导学生,营造社会主义核心价值观培育的情景和氛围,使其像空气一样成为学生成长发展必不可少的营养元素,使大学生能够在体育运动中增强对社会主义核心价值观的深入理解。同时,倡导、弘扬社会主义核心价值观必须有"领头雁"。作为开展高校体育课程思政的第一责任人,体育教师必须做到言行一致,以身作则,积极关注社会发展,了解国家方针政策,自觉提升自己的政治敏锐性和政治鉴别力,能够站在维护党和国家利益的高度、站在建设社会主义现代化强国的高度,积极推动体育课程的改革,真正成为中华优秀体育文化和中国特色社会主义核心价值观的传播者,真正成为学生满意、社会放心的教育工作的行家里手,以自身的人格魅力感染学生,做到"学为人师,行为世范"。

(三)教育引领原则

体育教师在体育课程思政建设工作的推进过程中发挥着十分重要的作用。

在当前教育模式下,不少学生认为体育课是一门娱乐和休闲的课程,他们很少关注体育课程中体育基本理论知识的教学,对于体育课程中蕴含的思想政治内容的了解更是少之又少。因此,要让学生改变传统的刻板印象,体育教师应在体育课程思政教育中发挥重要的引领作用。体育教师不仅要引领学生学习体育专业知识,还要引领学生养成良好的运动习惯,让学生在体育课程学习中传播正能量,形成高尚的道德情操。体育教师应从自身做起,在体育课程中不断穿插思想政治教育,自觉成为学生的榜样,并引领学生在成长道路上走正道,使学生认识到体育课程并不只重视实践活动,也重视思想政治建设。教师通过教学和思想政治教育推动学生形成良好的规范意识和团队合作精神,在体育课堂思政建设的过程中专门为学生开展运动项目的规范教育,让学生知道什么可以做,什么不能做,这个界限一定要清楚。在规范的教学中,让学生知道并领悟团队合作在体育项目中的重要性。同时,学生应该在体育活动中保持积极向上、乐观的态度,并充满信心。体育教师还应让学生清楚认识自己在团队中的地位以及应当承担的责任,使学生自觉遵守团队规范,让团队中的每个成员都能够用规范来约束自己,形成正确的对待体育项目、体育赛事的态度。

除此之外,在体育课程思政中,严格的规范教育不仅有利于团队的发展和成长,也有助于培养学生敢于负责、乐于接受团队委托的精神,从而为体育课程思政的建设铸就坚定的团队宝塔。当然,体育课中的内容也要与学生的生活经验结合起来。体育教师要具备一定的政治情怀,通过自己的一言一行培养学生形成优良的思想道德素养,让学生能够通过体育课程在以身体教育为主的教育过程中形成自己的判断力、组织力、自制力。在这一教育过程中,要着力构建体育课程德育共同体,体现体育课程思政建设的作用,并在无形之中对体育教师和学生产生影响。

(五)问题导向性原则

强化问题意识,坚持问题导向,是开展高校体育课程思政教育教学实践活动的逻辑起点。

1. 坚持问题导向性,就要做到敢于正视问题、善于发现问题

当前,在高校体育课程教学中存在着以下几个方面的突出问题:从体育教师的综合素质层面来讲,部分院校注重对学生德育、智育的培养,而忽视了体育在培养学生健全人格方面所起的积极作用,因此缺乏对体育教师的教育教学能

力的关注与重视,直接导致部分体育教师在教学活动中"厚此薄彼"——重视学生的体育运动能力,而对学生其他方面的引导教育有所懈怠;从教学理念层面来讲,绝大多数体育课程的开展只是为了完成学时任务,注重达标成绩,把体育课堂当作进行单调的运动训练的场所,未能真正理解体育的价值和内涵;从教学内容层面来讲,虽然强调速度、标准,却忽视了体育精神的塑造,对于技术动作的讲授占据了较多时间,对于体育历史以及优秀体育文化则鲜有涉及,课堂理论教学的开展也少之又少,教学内容缺乏生动性和感召力,未能发挥体育课程的育人优势。这些问题是进行高校体育课程思政设计不容忽视的现实问题,也是高校体育课程思政开展的重要突破口。

2. 坚持问题导向性,必须做到科学研究问题,精准解决问题

《关于深化体教融合促进青少年健康发展的意见》中明确指出,学校要加强体育工作,帮助学生在体育锻炼中享受乐趣、增强体质、健全人格、锻炼意志,培养德智体美劳全面发展的社会主义建设者和接班人。结合当前我国体育课程中存在的一些问题,该意见的出台为更好地发挥我国学校体育的育人优势指明了方向,也对高校体育课程思政的开展提出了要求。因此,高校体育课程思政在开展过程中要切实解决好以下问题。

一是要在提升体育教师的综合素质上下功夫。在涵养政治素养、道德素养、思想素养的过程中,体育教师要自觉学习和探索习近平新时代中国特色社会主义思想,使真理的旗帜时时在自己的脑海中飘扬,进而在教学实践中践行以人为本、立德树人,在向学生传授运动技巧的同时,找准时机、创造时机引导学生树立正确的价值取向。

二是要积极拓展高校体育课程的教学内容,立足课堂主阵地,从大学生的需求出发,把增强大学生体质与坚定大学生理想信念相结合,把倡导健康的生活方式与推动大学生积极"走下网络、走出宿舍、走向操场"相结合,把普及体育文化知识和传授运动技巧相结合,把体育强国梦教育融入课堂教学中,运用高校体育课程实践性优势,引导学生在认知、情感、行为上保持一致,发挥高校体育课程的育人作用。

三是要挖掘体育的教育功能。体育课以培养运动技能为中心,但是随着人们对健康生活方式的追求以及精神文化需求的提升,体育也展现出了越来越大的价值和意义。挖掘体育的教育功能,弘扬积极、团结、拼搏、向上、坚持等体育精神,促进大学生的全面发展,让大学生在运动中感知、理解体育精神,已经成

为体育课程改革的曙光。在强国梦背景下,培养高质量的体育人口是实现体育强国的必要条件,为了避免体育人口的流失,学校作为主要的育人阵地,无疑是对学生进行终身体育教育的重要渠道之一。

(六)可操作性原则

对高校体育课程思政设计进行研究,目的在于为高校体育课程思政的实施提供可借鉴的思路与方法,使体育教师在课堂教学实践中自觉融入思想政治教育元素,实现体育课堂教学过程中知识传授和价值引领的有机结合,从而推动高校体育课程思政的顺利开展。因此,对于高校体育课程思政的目标设计、内容设计、实施设计等必须便于体育教师理解、掌握、认可,并且主动付诸教学实践活动,这就要求在对高校体育课程思政进行设计时突出可操作性。

第一,高校体育课程思政设计应从现实情况出发,在目标设计、内容设计以及实施设计等方面综合考虑学生的实际需求、学校体育教学的实际情况以及社会发展的要求。比如,在制定高校体育课程思政的目标时,既要考虑体育教师的执行水平和质量,也要考虑大学生的接受能力、认可程度,要善于结合学校的办学风格和特色以及当前体育课程中存在的问题来拟定目标,在言语表达上要简明扼要、通俗易懂,目标要切实可行,避免制定的目标理想化和空洞化。在高校体育课程思政内容设计方面,要求体育教师不仅要善于从体育课程中撷取丰富多彩的思想政治教育因素,还要本着与时俱进的教学理念,积极从时事热点中筛选出适合作为课堂教学内容的素材。同时,为达到理想的教育效果,体育教师要对所选取的内容进行整合分析以及组织安排,做好体育课程思政教学的前期准备工作,这是作为一名教师必须具备的职业素养。

第二,突出体育课程思政设计的可操作性,要在融入共性的基础上,突出体育课程的特性。高校体育课程思政的实施不仅要遵循课程思政所倡导的育人思想,还要着重考虑高校体育课程的教育教学原则和规律。不同于其他的学科教学,体育课程是学生通过自身身体运动参与的课程,具有极强的实践性和感染力。在体育教学活动中,教师和学生同处于开放空旷的环境中,或室内教学,或室外授课,体育教师不仅要通过语言表述来传达信息,更要通过自身高标准的动作示范来引导学生进行学习模仿,以规范技术动作。这是高校体育课程开展的实践性优势。因此,高校体育课程思政的开展就要立足于体育课程的优势,既不能把体育课上成思想政治教育课,又要借助丰富多样的体育课程内容,将蕴含在体育运动中的思想政治教育元素通过体育教师贯穿于体育教学的全过程,使大学生在参与体育运动的过程中实现情感的升华,以"盐溶于水"的方式培育其爱国心,增强其报国志。

二、高校体育课程思政设计需遵循的特性原则

高校体育课程思政建设既要兼顾大学生思想政治教育的普遍性规律,又要立足体育课程的专业特殊性,紧紧围绕立德树人的根本任务提升课程育人功能,确立课程思政的基本原则,保证教育合力和教育功能最大限度地实现。

(一)同向性与整体性相统一原则

体育课程思政作为新时代我国高等教育教学体系改革的重要内容,与大学生思想政治理论课及其他课程同向同行,即以立德树人为根本的使命担当,传播马克思主义科学理论,特别是学习贯彻习近平新时代中国特色社会主义思想,引导学生坚持正确的政治方向,践行社会主义核心价值观,增强道路自信、理论自信、制度自信和文化自信,为实现中华民族伟大复兴和建设社会主义现代化强国培养合格建设者和可靠接班人。此外,体育课程思政与大学生思想政治理论课及其他课程构成高校思想政治工作的整体形态,在建设过程中需要研究思想政治理论课与其他课程的教育教学特点,打破思想政治理论课育人的"孤岛"困境,以促进各学科课程相互协调、相互补充、相互融通为目标制订具体的教学方案,整合教学内容,开展既体现体育专业特色又兼顾价值引导的实践教学。

(二)思想性与技能性相统一原则

高校体育课程思政建设是立足于体育课程基础之上、融入思想政治教育元素的教学改革。首先,应当发挥好体育课程传授运动技能、增强体能的专业属性,根据学生学习的成长需要和兴趣爱好合理调整授课内容,从运动认知、运动能力、健康行为等方面提升学生的体育核心素养。除了掌握运动知识和技能、提高身体素质的任务,育人同样是体育课程的本职工作。体育教师开展体育教学应充分挖掘课程的德育资源,研究思想政治教育与体育课程的结合点、融入点、切入点,提升课程的思想性和亲和力,以体育历史锤炼意志,以体育精神塑造人格,以体育文化滋养心灵。体育课程思政正是在兼顾技能性教学的同时提

升思想性教育,不断改革和完善教学目标、教学理念、教学方式等各环节,使立德树人、健康教育、以人为本的理念贯穿体育课程教学的全过程。

(三)深刻性与趣味性相统一原则

推动高校体育课程思政改革需要在教学理论的深刻性上下功夫,把理论讲清楚、讲深入、讲透彻,通过介绍各项体育活动的起源与发展、健康饮食的结构与习惯,增强课程的理论性和生活性,使各项体育课程不再停留在运动技能训练的技术层面,从而提升体育课程的厚重感和深刻性。在丰富课程理论内容的同时,高校体育课程建设要适当增加课程的趣味性和吸引力,提高学生主动参与体育锻炼与自主组织管理体育活动的能力,不断培养大学生绿色发展、终身运动、锻炼身心的健康意识。此外,体育课程思政建设可适当增加校本内容,结合实际情况融入当地特色体育活动教学,组织相应的活动竞赛。这不仅能使学生更直观地感受中华优秀传统文化,而且有利于提升体育课程的亲和力与趣味性。

三、融入思政元素的原则

体育课程思政的目标即体育类课程要帮助学生树立健康第一的教育理念,注重爱国主义教育和传统文化教育,培养学生顽强拼搏、奋斗有我的信念,激发学生提升身体素质的责任感。体育课程思政教育的关键是思政元素"如盐融汤""如花在春"地融入体育专业知识和能力培养之中,做到互溶的"基因式"融合,前提是选取、发掘、培育出由术"内生"出"道"的教学内容。

(一)立足运动特点,对应育人特色

体育课程主要特征就是以身体活动为手段,以不同运动项目为主要内容进行教学和训练。根据不同项目的运动特点,选取对应的、不同的育人内容,使专业的技术技能与思政的思维思想、价值观有机融合。按照《项群训练理论》[①]分类、身体运动特点对应思政教育的目标,在学校体育课主要内容中对应融入思政育人特色的重点不同(表3-1)。

---

① 田麦久. 项群训练理论[M]. 北京:人民体育出版社,1998.

表 3-1　身体运动特点对思政应育人特色融入点

结构	动作特征	代表项目	运动特点	育人特色
单一动作结构	非周期性	铅球、铁饼、链球、举重、跳跃、滑雪	单调重复练身体器械合	培养坚持精神、身操械控制力
	周期性	跑、游泳、射击、速度滑冰、长距离滑雪、划船、自行车	短距离速度长距离耐力射击稳定态	培养挑战自己,速度、耐力、稳态极限的顽强毅力
	混合性	跳高、跳远、撑竿跳	超越身高度跨越步远度	培养超越自我、不断进取的精神
多元动作结构	固定组合	体操单项、武术套路、艺术体操、花样滑冰	完成高难度展现美新度	培养审美情趣、不畏难的创新力
	变异组合	篮球、足球、排球、冰球、羽毛球、乒乓球、网球、拳击、摔跤、柔道	身与身对抗心与心比拼全身心竞技	培养个体及团队协作战胜自己、永不言败的精神
多项组合结构	同属多项组合	田径男子十项、田径女子七项、体操全能	练身心极限	培养多角度挑战自己的拼搏精神
	异项多项组合	现代五项、冬季两项、铁人三项	练身械操控	培养应对外界挑战的自强精神

(二)找准思政元素,有机立体融入

一个运动项目,不仅仅是运动特点可以有机结合育人思政教育,项目本身的诸多要素同样具有与思政结合的亮点。例如,项目起源渊点—深挖历史—融合继承与发扬项目的责任教育;项目知识特点—深挖差异—融合同类项目甚至中西方项目技术背后的思维的不同训练;项目知识高点—深挖效果—融合某项运动独特的技战术背后对人思想的培养。《高等学校课程思政建设指导纲要》对课程思政建设内容、主线、信念以及各学科都有明确要求。体育课程极其丰富的教育资源,在为课程思政教育提供鲜活案例的同时,可以在体育课程思政中建立 3 个维度,18 个指标,立体地全层次跨课程融入体系。根据体育运动特点——思政元素双向渗透融合,建立体育课程思政融入案例指向表(表 3-2)。

表 3-2　体育课程思政融入案例指向

维度	指标	思政内容	案例指向
国家社会层面	1	国家安全	体育强则国家强,严守国家体育机密,强身健体保家卫国
	2	爱国主义	国家利益至上,争做奥运会志愿者,为体育事业默默奉献
	3	政治认同	举国训练体制,2008 年夏季奥林匹克运动会和 2022 年冬季奥林匹克运动会的成功举办,党和人民对运动员的关怀
	4	法治教育	宣扬、遵守体育竞赛规则,落实、优化集体项目合作,坚决杜绝兴奋剂丑闻
	5	文化自信	获得奥运会金牌数,以优秀民族体育发展为荣,激励新一代运动员创造辉煌
	6	家国情怀	体育从业人员的无私奉献,运动员为国拼搏,海外运动员回归祖国
	7	传统文化	传承民族体育项目和体育文化,创新传统体育发展路径
个人修养层面	8	理想信念	树立为祖国荣誉而战,竭力完赛的理想信念,传递奥运会拼搏精神
	9	文化素养	从体育项目起源、技术名称等方面挖掘文化内涵,展现运动技术与民族性格
	10	道德修养	重视、恪守体育文明,尊重运动竞争对手,文明礼貌地参加体育运动会
	11	人文素质	磨炼、提升运动技术,发扬体育求真、求实精神,展现体育运动之美,传递体育运动中和平、友谊情感
	12	科学精神	用科学方法、遵循科学规律进行健身训练,使用高科技训练器械,提升身体各项素质、探索运动极限
	13	心理健康	以艰苦训练磨炼意志,胜不骄、败不馁,提升抗挫能力,坚定不移追逐体育梦想,培养坚忍不放弃的精神
	14	认知能力	运用具身认知理论充分认识自己,了解运动科学规律,践行知行合一

续表

维度	指标	思政内容	案例指向
体育精神层面	15	健康第一	坚持进行体育锻炼,进而带动身边人一起锻炼;培养一项运动兴趣、学会一项运动技能
	16	顽强拼搏	挖掘体育运动中的榜样力量,如中国女排精神、老运动员的故事;进行运动项目创新突破
	17	自我奋斗	脚踏实地训练;运动中的团队合作;终身为体育事业奋斗
	18	身体素质	努力提升身体素质,担任健身指导,推动全民健身事业发展

(三)专业思政用语,语境有效切换

在体育课程中融入思政元素时还应该注意专业术语与思政用语的有效切换。针对不同学生接受能力、不同教学场景、不同教学内容,依据课程目标、教学效果选择易于理解、富有启发、入脑入心的语言有逻辑地表达极其重要。例如,在太极拳专业课中,旨在培养自强不息精神,如说"请同学认真练习、自强不息啊",就不如说"节节贯穿",再让学生用身体感受"旋肩转膀"运动,体会"一动无有不动""胯如同地球转,带动手臂自转和公转"。这其实已经寓含了"天行健,君子以自强不息"的思想。然后,让学生用富有哲理的语言总结出来,实现专业术语与思政用语之间的有效切换,这符合人的认知和可接受逻辑,能提高教学效果。

第二节 高校体育课程思政教育内容的选择与组织

一、高校体育课程思政内容选择应注意的规律

课程内容的选择要与课程价值观、课程结构观以及课程设计观相符合,因此在选择高校体育课程思政的内容时,要遵循一定规律。高校体育课程思政的开展不是新开了一门课,而是借助体育课程的平台,挖掘体育课程中的思想政治教育元素,使学生在身体机能得到锻炼的同时,潜移默化地提升自己的内在

品质。因此,高校体育课程思政内容的选择应从体育课程本身出发,综合考虑高校体育课程的特点和规律。

(一)健身性与价值性相结合

在选择体育课程内容时,既要使所选择的体育运动紧扣体育课程的主要目标,坚持健康第一的指导思想,使大学生在体育运动中掌握运动技能、增强体魄,也要重视挖掘蕴含在体育运动中的思想政治教育资源,发挥这些教育资源在引领大学生树立正确的价值观方面的重要作用,使大学生在不知不觉的体育运动中提升自强、自信、自立、坚毅、勇敢、顽强等意志品质和尊重他人、团结友善、遵纪守法等道德品质。

(二)科学性与可行性相结合

在选择和构建高校体育课程思政内容时,既要保持所选择的内容与体育学科发展相适应,与高校体育课程的教学内容具有直接的相关性,尊重高校体育课程的设置和安排,尊重体育教学的规律与特点,又要考虑学校体育课程的实际情况以及大学生的可接受能力,以确保高校体育课程思政的顺利开展。

(三)预设性与发展性相结合

在选择和确定课程内容时,既要尽可能选择那些相对成熟的、稳定的、科学的、正确的高校体育课程所蕴含的思想政治教育资源来填充课程内容,从而确保既定目标的实现,又要主动关注社会发展,为课程内容增加新的符合社会发展要求以及大学生健康发展需要的课程资源,增强高校体育课程思政的社会适应性。

(四)时代性与传承性相结合

在选择课程内容时,既要使所选择的内容紧跟时代步伐,贴近生活实际,能够反映出当前体育教学内容改革的最新成果,满足大学生在新时代对体育运动的发展需求,又要注重弘扬我国优秀传统体育文化,善于将传统的体育运动项目引进高校体育课堂,让学生在丰富多彩的体育运动中感悟中华文化的魅力,进一步增强大学生的文化自信心和自豪感。

二、高校体育课程思政的主要教育内容

课程思政建设要围绕政治认同、家国情怀、文化素养等内容供给,对学生进

行中国特色社会主义教育、中国梦教育、社会主义核心价值教育、法制教育等，提升学生的理想信念以及高校育人成效。结合高校体育所蕴含的思想政治教育资源，开展高校体育课程思政，要在以下几个方面引导大学生在体育运动中树立正确的价值观念，坚定理想信念的基石，激发大学生建设社会主义现代化强国的责任感和使命感。

（一）身心健康教育

新时代，大学生不仅要具备丰富的知识、开拓创新的科学精神，还必须保持健康的身体和心理，这样才能在竞争日益激烈的社会中赢得主动权。体育课程以人体自身运动为中介，在提高学生身体健康的同时有助于增进大学生心理健康。首先，大学生在参与体育运动时，需要视觉、听觉、触觉等感觉器官的配合，从而来感知动作的要领，形成运动记忆，这一过程有助于促进大学生思维的灵活性，提升其认知能力；其次，大学生在参与体育运动的过程中，产生情绪的有关各皮下中枢的调节能力得以改善，这不仅对于大学生的情感自控能力具有积极作用，而且能够使大学生在积极健康的情绪中克服体育运动过程中遇到的外界以及自身思想上的各种障碍，磨炼大学生的意志品质；最后，在体育运动中，来自各个班级各个专业的大学生广泛接触，扩大了大学生人际交往的范围，容易使大学生在体育运动中消除心理冲突，产生亲近感，有助于提高大学生的社会适应能力。因此，充分发挥大学体育课程的独特优势，在开展高校体育课程思政教育中对大学生进行身心健康教育，使大学生形成完整的健康观，这不仅是高校体育课程思政在开展过程中不容忽视的主要内容，也是高校人才培养的客观要求。2020年，因为新冠疫情防控，体育在线教学也随之展开，体育教师在强调技能教学的同时，也积极向学生普及、推广健康知识，对学生进行心理疏导，增强了学生抗疫的信心。因此，高校要积极完善体育课程的心理健康教育以及健康教育内容的设计，通过体育课程加强对学生的身心健康教育，提升体育课程开展的价值。

（二）理想信念教育

我国体育事业在历史洪流中曲折前行，从1932年刘长春"单刀"赴奥运到2008年中国成功举办奥运会，中国人民凭借着坚定的理想和信念，在体育领域赢得了一场又一场没有"硝烟的战役"。在中华人民共和国成立70周年之际，中国女排更是以 11 战全胜的战绩夺得 2019 年女排世界杯冠军向祖国献礼。一部部体育奋进史彰显着我国体育健儿用理想信念铸就的体育强国梦。高校体育课程是向大学生传授体育历史、体育文化、体育知识、体育技能的重要课程,体育教师理应将这些鲜活生动的教育素材通过各种途径展现在体育课堂上,使大学生在体育运动的过程中加深对我国体育事业发展的认识,自觉将个人的发展融入中华民族伟大复兴的征程中,增强其责任感和使命感。而且,随着我国改革开放向纵深发展,人们在享受着物质充盈带来的幸福感时,也面临着思想上的巨大挑战。尤其是思想比较活跃、对于新生事物有着较强接受能力的大学生,在价值观方面更容易受到外部环境的冲击。因此,借助体育课程感染力强的特点,发挥大学体育课程在加强大学生的理想信念教育方面的作用更是刻不容缓。

(三)爱国主义教育

爱国是每一个中国人最真挚、最朴素的深沉情感,是每一位中华儿女最自然的情感流露。2019 年 11 月,中共中央、国务院印发的《新时代爱国主义教育实施纲要》旗帜鲜明地指出,"培养社会主义建设者和接班人,首先要培养学生的爱国情怀",这就需要"充分发挥课堂教学的主渠道作用"。在高校体育课程思政开展过程中,要将爱国主义纳入教学的主要内容,加强对大学生的爱国主义教育。因此,体育教师在组织教学活动时,要从体育课程的学科背景出发,积极引导大学生了解中华人民共和国成立以来特别是改革开放以来我国在体育事业中取得的伟大成就,培养大学生的爱国之情,砥砺强国之志;要善于通过各种体育教学活动以及典型事迹激发大学生的爱国热情,为爱国主义教育提供强有力的理论支撑。同时,要鼓励大学生把爱国热情转化为强大的学习动力,用扎实的专业知识武装头脑,用日常的实际行动表达爱国之心。

(四)集体主义教育

在高校体育课程思政中开展集体主义教育,就是要引导大学生正确把握集体利益和个人利益的关系,当两者发生冲突时,能够自觉坚持集体利益高于个人利益的原则。作为一种集体性活动,从教学内容到教学形式、从教学方法到教学要求,体育教学都呈现出鲜明的集体性特征,这就要求学生在参与体育运动时,既要充分发挥个人的力量,也要懂得彼此间的密切配合的重要性,通过共同合作来完成某一活动。在这一进程中,个人与集体、个人与个人之间的认知、态度以及情感,会通过大学生的实际行动表现出来。体育教师的责任就在于运用这些有利的条件和形式,对大学生进行集体主义教育,让大学生在自身参与中自觉树立团结协作、服从组织、遵守纪律等优良道德品质和作风。

(五)民主法治和组织纪律教育

个体社会化的过程就是人的社会化的过程,作为社会中的一员,大学生终究要步入社会,成为一个被社会所接纳和需要的人,这就要求其必须掌握一定的行为规范和价值体系,遵守社会生活准则。高校体育是在体育教师的直接组织下进行的一种具有规范性、约束性的社会活动。在课堂教学活动中,大学生不仅要掌握一定的运动技术,更要具备规范意识,遵守各项运动的基本规则。体育教师可以充分借助这样的优势,将民主法治和组织纪律教育融汇其中,让大学生在真实情境体验中理解、感悟社会主义核心价值观所倡导的"自由""平等""法治"等要义,进一步强化大学生的道德规范意识。同时,在体育教学中,严格贯彻课堂常规,加强对课堂纪律的管理,如严格执行考勤制度、引导学生自觉爱护公共体育设施等,也是对大学生进行遵纪守法教育和组织纪律教育的必要内容。

(六)奥林匹克精神教育

奥林匹克运动会起源于希腊雅典,展现了人类的文明与进步。法国历史学家、教育家顾拜旦对奥林匹克运动有着高度评价,指出,奥林匹克运动会"是由青春、美丽和力量三者所结合而成的",人们聚集在这里"瞻仰过去并寄望未来"。长期以来,奥林匹克精神更是激励着运动员积极参与体育运动,勇于追求进步并不断超越自我。奥林匹克运动会的会徽由蓝、黄、黑、绿、红五色环圈组成,象征着五大洲的团结,以及全世界运动员的平等、友谊;奥林匹克精神是"公平、友谊、进步";奥林匹克格言是"更快、更高、更强、更团结",强调"重要的不是胜利,而是参与"。将奥林匹克精神教育纳入高校体育课程思政的教育内容,引导大学生以沉着、勇敢、顽强的毅力克服体育运动过程中生理以及心理负荷所引起的困难,培养大学生善于处理人际关系的能力,使大学生养成尊重对方,关心他人、诚实友善的良好作风,以实际行动弘扬和彰显奥林匹克精神,并使之逐步成为大学生的日常习行为习惯,这不仅丰富了高校体育课程思政的内容,而且有利于在实践参与中进一步规范大学生的道德、作风和行为。

三、体育课程思政内容组织的基本方式

为了加强高校体育课程的育人作用,推动高校体育课程思政目标的实现,使大学生在增强体魄的同时能得到心灵的净化,讲规矩、讲道德、讲品行、讲信仰,扬起理想信念的坚定风帆,就需要对高校体育课程中选择出来的思想政治教育资源进行合理组织,强化其教育效果。20世纪中期,美国课程理论专家泰勒就课程内容如何组织的问题提出了三项基本准则:连续性、顺序性、整合性。这对后世课程建设产生了重要影响。长期以来,我国在课程内容组织方面呈现出了三种常规的方式,即直线式和螺旋式、纵向组织和横向组织、逻辑顺序和心理顺序。但是,由于学科的不同,课程内容组织采取的方式自然也就有所差异。根据体育课程实践性强的特点,笔者认为,高校体育课程思政内容组织的基本方式有两个。

(一)螺旋式为主、直线式为辅的组织方式

开展高校体育课程思政,不以让大学生掌握理论、概念以及原理等抽象的内容为主要目标,而是让大学生在掌握身体锻炼方法以及增强体魄的同时,通过体育课程中所蕴含的思想政治教育因素的熏陶,提高自身的思想道德素质,加强对主流意识形态的认同,积极投身于社会主义现代化建设事业。因此,要结合体育教学环境比较开放、教学空间比较宽阔,而且教师和学生始终处于运动状态等体育课独有的特点,对于具有锻炼价值以及蕴含品格塑造、思想引领的内容,循环往复地加以练习,采用螺旋式的方式来组织课程内容,以达到良好的教育效果。比如,通过日常的体能训练项目,培养大学生不怕苦、不怕累、勇于坚持等良好的心理品质;通过团体合作项目(如羽毛球、篮球、体操等),加深大学生对合作精神、集体意识的认识;通过运动实践中角色的分工,使大学生正确认识自己的职责,增强其责任感、使命感。而对于体育课程中所涉及的体育运动项目的历史发展过程等方面的理论知识,体育教师则可以采用直线式的组织方式传递给学生。

(二)横向组织和纵向组织相结合的组织方式

高校体育课程思政是以高校体育课程为载体,以课程中所承载的思想政治

教育资源为内容所开展的教育实践活动,这就要采取横向组织的方式,打破学科间的界限,将学校体育活动和思想政治教育联系起来,实现二者之间的融合,倡导大学生强体魄、树理想、讲道德、有文化、守纪律,为大学生关注社会、融入社会提供更多的机会。同时,在安排课程内容时也要注意课程要素的纵向衔接。大学期间,学生在每个学期都会有不同的体育学习内容,这就要求体育教师加深对各个体育运动项目的纵向衔接的研究,在课程内容的安排上注重各学期课程内容中所涉及的思想政治教育资源的相互联系。只有在课程内容的安排上构建一个纵横连接的整体网络系统,高校体育课程思政的开展才能取得预期的效果。例如,在课程设置上,要注意个人技能类课程与群体技能类课程的衔接,使大学生既能正确认识自己的价值,又能懂得团结协作、尊重他人的重要性。

第三节　高校体育课程思政教学设计实施的策略

一、教学理念转变

教学理念是人们对教学活动持有的基本态度和观念,是人们从事教学活动的信念。教学理念的明确表达对教学活动有着极其重要的指导意义。尽管体育"育人程度高",但是,体育教师、体育课、体育特长生等一系列和体育有关的人和事,似乎有一种不言而喻的"痛":普通高校的体育教师和其他学科高职称人数相比,相对较少。德智体美劳早已成为教育的主要内容,可是"体"长期没有得到与其他课程同样的地位,体育课程思政的理念贯彻不彻底,影响了教学效果,因此,教学理念必须转变。

(一)体育是知识,不容忽视

知识是人们对实践所获得的认识和经验的总结或成果。在知识维度以思维为主要特征的知识是"认知知识",以身体运动为特点的是"操作知识",体育就是身心共同作用下的体感认识,具有极其丰富的本体体验,因此,可以说"体育课原本就是一系列操作性知识的有效传承"[①],而且,我们也可以说体育其实比单纯思维性知识更难,是"认知＋操作"统一的知识。在传授知识育人的学

---

① 张洪潭. 再谈技术健身教学思想[J]. 体育与科学,2004(1):70-72.

校,体育的操作性知识与其他学科知识应有同样的学科地位。

(二)体育重育体,更重育人

体育以身体为生物载体,进行规训,发现自我、完善自我,但是,绝不是停留在单纯"健体"的生物维度,因为人是"身心"统一体,由生物、精神、社会诸多方面有机组成,不可分割,所以,"体育"不仅仅在育"体",更重要的是"育心"(思想、思维、精神、人格)和"育人"(身心统一健康)①。体育是通过练身体,改善体质,提高机能。同时,体育通过身体活动这一生物性手段,实现人的全面发展的社会性目标,以"育体"手段达到"育人"的目的②。

(三)体育课思政,不可取代

从人类演进的底层逻辑看,体育是护佑生命的教育,身体是须臾不离我们的存在,以身练身,以心练身,身心一体,使人在身体活动中始终处于互为主客、主客互动、主客协同的过程中,因而人能够迅速、直接、深入、全面地获得自身的各种信息反馈,沿着身体活动的路径不断认知自我、探究自我和完善自我。宾德拉认为所有学习都是刺激学习,体育的具身刺激—反应学习,不仅对身体,更是对思维训练、思想形成、认同感获得的作用最为直接、深刻、持久,无疑是思政教育不可或缺的主渠道之一。从体育课程本身而言,在身体训练中,高水平技能训练的"超量"之苦,一般运动技能掌握的"流汗"之累,是学习掌握技能的必需,如果没有一定吃苦耐劳精神、运动思维就不能保证体育课的教学效果;从思政教育出发,没有身体的投入,缺失了人的认知通道,很难深刻理解和塑造精神、价值观,因此体育与思政双向作用、互为存在。体育课程思政不可取代。

以太极拳专项课思政为例,教学理念应包括:①教技术更教思想,在教技术和理论的同时,讲"中和""上善若水"思想;②练身体更练品质,在练身体和心态的同时,修"中正""勇敢担当"品质;③学武术更学文化,在学武技和修武德的同时,悟"中庸""兼容并包"文化。在教"野马分鬃""搂膝拗步"等的技术动作时,通过动作攻防方法体验,从"柔和缓慢""节节贯穿"的技术要求,讲到"中和""上善若水"思想。通过站桩,练身体的稳定性,更练"身心统一""耐得住寂寞""美美与共"的品质,在练身体和心态同时,修炼"中正""勇敢担当"品质。太极拳,

---

① 武冬. 新时代中国武术发展的新思考[J]. 武汉体育学院学报,2020(2):53-58.
② 杨桦. 体育的概念、特征及功能:新时代体育学基本理论元问题新探[J]. 体育科学,2021(12):3-9.

看似是一种武术拳术,其实是"哲拳",学太极拳更是用身体"体知"中国传统文化,练太极拳就是用身体"学文化"。太极拳独特的"推手"运动,更体现了一种追求"和合",保持"中庸""兼容并包"的文化。

二、教学目标升华

教学目标是教学活动中预期学生达到的学习结果。教学目标既是教学的起点也是教学的终点。在完成"立德树人"根本任务,秉承"学生为中心"理念,落实"培养什么人"的人才规格,实现体育课程总目标的过程中,课时的教学目标更为具体,而课程思政的目标如何有效实现是一个新问题。

(一)厘清目标维度,提升教学目标高度

从基础知识和"双基"目标,到知识与技能、过程与方法、情感态度与价值观的"三维"目标,再到课程思政的"高阶"目标,在高等教育层面,从学科知识到学科能力,再到学科育人观念的转变,彰显了教育不断回归人、走向人、关注人,以人为本的变革。教学目标要有全面育人的高度。因此,还要克服单一维度只教技术矮化教学目标的问题,避免多维教学目标在知识、能力、价值方面被弱化、虚化、粗化,防止目标与效果游离。

(二)立足身体变化,教学目标实际化

体育首重育身体。体育课程的最基础、最本质、最直接的目标就是通过练身体使身体发生变化。这是体育课程思政目标的基石,没有身体的变化,其他目标难以实现。身体形态、运动素质、项目技能等一系列变化,包括身体真实的各种丰富的"体感"是教学的底层目标,而且,更为关键的是让学生切身感受到自己身体的变化,看到自己身体素质的提高,进而由"体感"上升到"体认"身体变化、技术动作、人体机能运动表现背后的"原理、思维、思想",再升华到"体悟"的"认同、精神、价值"的高度,实现以体育人,以体铸魂的思政目标。

(三)以学生为中心,教学目标精细化

教学的核心是"一切为了学生"。以学生为中心,就是要以学生的身心健康、全面成长和未来发展为指向设定教学目标。一节课不可能达到学生专业成才、精神成人的全部目标。但是,立意高、落地实、操作明的一个个具体小目标,

在"三全"育人体系中却能发挥积跬步以至千里的作用。教一个动作，明确点线型的技术要求，根据学生心理、生理和掌握技能规律确定练习次数，注重学生不同个性，确定可操作、可量化的技术和技能目标。在此目标上，明确要达到的思政目标。专业知识、技能目标与思政目标，通过学生"体感"建立内在关系，实现一体多维的精细化教学目标。

以太极拳专项课（陈式太极拳）思政课为例，教学目标如下。

1. 知识维度

"三体"教法，即体表、体用、体验。"体表"是依据中医"同身寸"取穴方法、解剖学器官骨性标志、武术"外三合"要求，精准定位手脚位置，客观化教学动作外形。"体用"是教每个动作时都"说招拆手"讲清楚攻防用法。"体验"使学生按教"试招"，验证动作的正确性。具体到一节课中，针对专业学生现实以下目标。

（1）掌握缠丝功上下肢柔练方法，提高"弹脊"的规范，能应用于套路中。

（2）规范演练套路第1～3个动作，重点掌握"懒扎衣"动作，能够体用合一。

（3）了解陈式太极拳实用技击法，体验"合"文化特点，知技术所以然。

2. 能力维度

"三体"练法，即体系、体会、体能。"体系"是按照技术动作结构特征，形成系列练习。"体会"是练习要用心体会动作规律及核心要点，不仅身体出汗更要"思想出汗"，提高训练质量。"体能"重在练习身体控制能力，提高核心功能"功力"。具体到一节课中，针对专业学生实现以下目标。

（1）掌握缠丝功的关节控制能力、"懒扎衣"防攻技术，能够健身防身。

（2）提高第一段套路第1～3个动作演练水平，全班人均达到8.5分水平。

（3）掌握评价、纠错、教与学方法，可以自我和为同伴们纠正错误技术。

3. 素养维度

"三体"理论体系，即同体、随体、网体。"同体"即技理一体，坚持技术教学训练的同时贯彻理论分析，"知所以然"。反之亦然，技理双向一体。"随体"即理论与技术课同步进行，相随不离。"网体"即研制在线精品课程，依托SPOC形成线上线下理论学习的"无限课堂"，联结"天网"课群，满足学生时时处处个性化学习的需求。解决"理不深""个性化"等问题。整个课程，实现以下目标。

（1）养成太极拳"整体平衡"的思维习惯，具有批判性思维。

(2)能分析社会上对太极拳的一些误读,树立正确太极观。

(3)应用跨学科的知识体认技术动作要点,科学传承太极拳。

4. 思政维度

通过思政教学的体感、体认、体悟的"三体"教法实现课程思政目标。

(1)塑造刻苦学习和脚踏实地的品质。

(2)厚植爱武情怀,传承太极拳担当。

(3)树立文化自信和民族复兴的信心。

三、教学方法的要义

教学方法是实现教学目标、完成教学任务的重要手段。教学方法是教法与学法的总和,强调学法要突出以学生为中心。体育课程思政教学方法是在体育常用教学方法基础上增加了新的教学理念,巧妙设计、建构新模式。

(一)以学生为中心坚持育人

教学方法的选择一定要充分考虑学情,了解学生当前身体机能、现有知识储备、技战术水平,有的放矢地因人施教。体育教学不只是教技术,更是讲道理,不只是练体,更是育人。

(二)建立体感逻辑

体育课程教学本质是以身体的教、学、练、用的逻辑展开。"体感"是身体认知的逻辑起点,由此导出体育的功能。当然,重视体感的同时要用客观理性的科学思维保证体感的正确性。体育课程思政教学中重点是"体教"而不是"说教",只有建立起教学与训练的结构才会有效实现课程思政教育。例如,在太极拳技术中通过站桩的真实"体感"达到思政教育目的。

(三)显性教学与隐性教学共用

体育教师的身体形态美、运动技能美具有显性教学效果。体育课程思政教学多为隐性教学形式。体育教师健美的体态、健康的心态、阳光的教态,再加上准确的投篮、精准的射门、精美的动作等技术技能展示,足以把"健康第一""教育者先受教育"等教学理念表达清晰。健硕的身体背后,漂亮的动作之中,精湛的技能展示,其中蕴含着刻苦训练、顽强拼搏的思政教育,隐性的思政教育融于以体为教之中。

以太极拳专项课思政课为例,教学模式基于"具身认知"理论和传统"格物致知"思想,通过实践,提炼一套太极拳课程思政模式。"体感"——练习太极拳中的真切本体感;"体认"——由体感体知动作背后的科学原理和哲学思维方式;"体悟"——由感性认识上升到理性甚至灵性的思想境界,深刻悟解拳理、哲理,形成文化自信和高尚的道德情操。基于"体感、体认、体悟"核心教学方法,以"立德树人"为基,以太极技术和理论为两柱,将太极拳技术、理论、思政元素三位有机融合,按照问题导入,教师牵引四步,兴趣入手,学生逐阶通达思与行统一五阶。

四、教学评价联动

教学评价是依据教学目标对教学过程及结果进行价值判断的活动。体育课程思政的实质是通过身体教育建立观念、影响行为的过程。

(一)思政影响长期,课时短少

对学生而言,建立"观念"需要时间,外化为"行为"更需要长时间习惯养成,而一般的体育课时较短,通常在中小学每周 2~5 节课,每节课 45 分钟,在专业的体育院校一门术科课一般为 16 学时、32 学时,专项训练课一学期 96 学时。因此,对学生在体育课程思政中的教育效果评价,遇到思政观念和行为影响需要长期性与体育教学与训练时间短之间瓶颈。

(二)课程思政教学,区分度弱

体育课程思政,重点是课程,融入是思政,双向互动交融。实际教学过程中难以单独区分哪些是技术教学影响,哪些是思政教学效果。教师追求的是知识、能力、核心价值观三位一体的教学效果,因此,从教师角度对体育课程思政进行评价也是难度很大。

(三)师生联动评价,行为观察

依据教与学一体,身心合一,可操作、可量化、可测量的原则,在实践中尝试建立以教师引导学生、学生反映教学、师生联动评价的评价模式,通过明显的学生课堂行为进行相对定性与定量结合评价。

第四章　高校体育课程思政建设的
教学改革路径研究

第一节　以"运动实践"为导向的体育课程
思政教学实践路径研究

一、以"运动实践"为引领的体育课程思政教学的形成逻辑

(一)目标逻辑:弘扬中华传统文化自信的现实选择

　　体育课程思政教学应该具有鲜明的中国立场。当今中国,置身于经济全球化的迅猛激荡之中,面对着维护社会主义意识形态安全、社会主义文化安全的严峻课题,面对错综复杂的体育文化交融,必须利用马克思主义辩证观做到既克服又保留,转变观念、拓展思维,在体育运动实践中观察和探索最普遍性和最被认可的观念,总结经验,与时俱进,为我所用。因此我们要保持和发展中华优秀传统文化、大力弘扬民族精神和爱国主义精神,通过体育运动积极吸取世界各民族的优秀文化成果,旗帜鲜明地聚焦体育强国梦,关切中国利益。体育课程思政的教育理论研究要具有中国立场。因此,必须坚定"四个自信",推动符合中国需要的体育课程思政教育理论和实践的发展道路,在体育课程思政建设中持有中国立场,即坚定"四个自信"推进开阔性和开放性,拥有大国胸怀、拓展世界眼光。首先,以思想政治教育为前提,在更为宽广的视域中探索规律、总结经验,取其精华并为我所用。其次,在当前复杂多变的世界背景中,深刻把握思想政治教育在体育教学中的特殊性,探讨可能的发展路向。体育课程思政建设不断推动中国思想、文化、观念等与世界进行交流与互动,积极培育和践行社会主义核心价值观,实现伟大中国梦、共产主义远大理想和中国特色社会主义共

同理想,并引领多样化社会思想的有效方略。

(二)理论逻辑:体育课程思政范式构建的理论依据

科学的发展就是一个新旧范式更替和重建的过程。范式的公认模型理论是探索体育课程思政规律的过程,在体育教学的设计中总结被公认和认可的内容,引导学生以体育运动实践为基础进行情景构建,围绕体育课程主线内容及若干的运动任务表现,积极引导并提升学生解决问题的能力,帮助学生根据客观实际去更好地改善学习活动。

新理论的发明并不在于它的证实性,而在于它的"可证伪性"。因此波普尔从批判传统的归纳主义出发,提出了基于逻辑实证主义的"猜想—反驳"方法论[①]。伪证主义方法论区分科学与伪科学的标准之一就是经验事实。体育课程思政的建设若可以被经验证实具有立德树人的效果,那么它就具有一定的科学性;反之则不行。伪证主义理论先于一切经验,一切论证其实都是在理解这个理论,而不是在证明这个理论。

英国人托克托斯基于"公认的模型论"和"猜想—反驳方法论"提出了更为完善的"科学研究纲领"方法论[②],在托克托斯看来,科学理论的发展是由硬核、保护带和启发法所构成的一种互相联系、具有严密内在结构的、完整的理论系统。科学研究纲领理论提出"承认科学的继承性和进步性"是范式理论的完善。科学研究纲领在体育课程思政建设中的作用:坚定马克思主义理论的哲学信念,作为体育课程思政建设的基本纲领,并通过启发法明确表达现阶段体育课程思政立德树人的预先设想和研究途径,明确范式研究具有结构性和发展变化的特点。

上述三种理论可以作为范式研究的认识论和方法论,适用于体育学科的研究领域,对体育课程思政建设和发展可以提供认识论和方法论的指导。

(三)实践逻辑:体育课程特色发展的内在需求

体育课程思政教学理论研究以问题意识构建体育学科研究的基点。问题意识是新时代表现精神状态的实际呼声,发现问题并回应问题更具学科构建前瞻性。体育课程学科构建立体化是致力于满足学科发展的需要,意义在于细化

---

① 波普尔. 科学知识进化论:波普尔科学哲学选集[M]. 纪树立,译. 上海:三联书店,1981.
② 托克托斯. 科学研究纲领方法论[M]. 兰征,译. 上海:上海译文出版社,1986.

本学科、本专业的教学内容,并在课程中探寻自己的"精致科学"。在理论和实践深度融合的过程中,探寻体育课程思政内部的、本质的、必然的联系,推动体育课程思政理论学科和学术研究走向立体化动因。体育课程思政建设需要协同体育学科的运动实践性,充分发挥学科优势推进体育课程思政的建设,促进体育课程思政精细化发展。体育课程思政融入课堂教学建设的基本要求,促使体育课程思政教育理论研究日趋精细化,这种精细化促使体育课程的教学和训练内容进行有针对性的设计,更加精微地审视与课程内容相关的思政元素。在任何一门科学的发展过程中,最先接受的范式通常是会让人感觉到它对于科学研究者容易理解的大多数观察和实验,能给予相当成功的说明。精细发展推动了体育课程思政教育理论研究的深刻探讨,是推进与体育学科相关的思想政治教育理论发展的必经阶段。体育学科的多样化和复杂化使体育课程思政发展精细化,不同项目的体育学科课程设置、教学教案和大纲的重要内容,要落实到课程目标确定、大纲修订、教材选用、教案设计等各方面,贯穿于体育课堂教与学的各个环节。

二、以"运动实践"为引领的体育课程思政的实践路径

体育课程思政范式的形成和确立,将催生体育课程相关的思想政治教育的理论新形态,这种新的思想教育理论形态,是当代中国思想政治教育创新与发展的核心基点。运动实践与体育课程思政规范和构建体育课程思政教学设计、完善体育课程思政教学内容、推动体育课程思政教学研究、践行体育课程思政改革创新。

(一)以"运动实践"为引领明确教学设计目标方向

体育教学设计是体育课程未进入体育教学实施阶段前的存在形态,其包含体育课程目标的确立、体育课程内容的选择、体育课程结构的规划以及学习方式的安排与建议。

1. 体育课程思政教学的价值取向是课程设计的核心

体育课程思政教学设计是在理论层面实现立德树人的方法论,也规范了体育课程目标性质及内容结构。运动实践是落实体育课程的重要方式,体育课程思政的价值观强调通过体育学科的运动实践获得思政教育的价值取向,在课程中重视学生的体育兴趣、态度、观念、情感等价值观的培养。体育课程思政范式

的设计模式倡导学生在体育运动中主体性的发挥,课程与教学的组织形式也较为多样化和灵活化。不同体育运动的价值取向导致形成不同的体育课程模式培养,在运动实践中获得的能力也将出现不同特征。在体育课程思政的设计过程中,课程价值的基本尺度是科学与人文的结合、社会需要和学生需求的统一,是当代课程设计价值取向的基本趋势。运动实践是在科学观的支配下凝聚的价值取向,强调体育运动本身逻辑体系的科学作用。课程思政是在以人为本理念支配下凝聚的价值取向,强调学生人生观、价值观、情感、意志等的培养。在两种价值取向的影响下,体育课程思政设计的价值取向也应当在科学和人文价值中探求新的统一。

2. 以"运动实践"为核心的体育课程思政要具有鲜明的指导理念

当今最具有影响力的课程设计是目标模式课程设计和过程模式课程设计。体育课程思政显然要以过程模式课程设计为逻辑起点。体育课程更加注重运动实践的过程,强调学生主动参与并在运动实践中探索和发现的学习过程。因此,运动实践本身不仅是学习体育知识、技术和技能的过程,也是体育情感、体育精神、体育价值观向着积极方向发展的过程,具体体现为体育的价值魅力、实践动力和运动能力。高校体育课程思政的目标设计要兼顾社会需求和学生需求的统一,既要培养学生在社会中健康生活和发展,又要关注学生个人的愿望与需求,以"运动实践"协同行为目标和过程目标的共同发展[①]。体育课程思政要充分体现体育课程内容的功能性,内容设计要根据各个运动项目类型发挥运动实践的多元化价值,构建各具优势的项目板块,实现具有互补效应的内容体系。

(二)以"运动实践"为引领完善体育教学内容

各门课要把做人做事的基本道理、社会主义核心价值观的要求、实现中华民族伟大复兴的理想和责任融入教学之中,使各类课程与思想政治理论课同向同行,形成协同效应。体育课程思政要以立德树人为目标,通过运动实践积极培育学生的社会主义核心价值观,合理运用马克思主义方法论,塑造学生做人做事的人生观和价值观。

---

① 郭旭婷,姜春平,王丹丹,等.《运动心理学》课程思政教学的实践研究[J].哈尔滨体育学院学报,2022(2):80-85.

宏观上,体育课程思政教学内容分为四个层次(图 4-1):

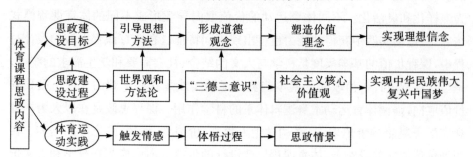

图 4-1 以"运动实践"为引领的体育课程思政内容图

(1)引导思想方法。体育课程思政要以思想教育为先导,通过在体育运动中充分发扬体育精神,提升运动本领,在坚定意志、勇于拼搏、团结协作中形成正确的世界观和方法论。

(2)形成道德观念。以体育道德推进立德树人的教育成果,将其逐步渗透于生活,影响于个人品德、职业道德、社会公德,在运动实践中打造责任意识、规则意识和奉献意识。

(3)塑造价值理念。体育课程思政要以价值教育为基础,结合体育运动实践,将社会主义核心价值观的基本内涵和内容有机融入课程,帮助学生塑造社会主义核心价值体系和社会主义核心价值观。

(4)实现理想信念。体育课程思政要坚持正确的政治方向,以实现中华民族伟大复兴的中国梦为目标,坚持中国特色社会主义道路自信、理论自信、制度自信和文化自信,要坚持教学与育人相统一,以运动实践推进体育强国战略,在坚持党的路线、方针、政策过程中弘扬传播正能量。

微观上,体育课程思政教学内容要细化到运动实践的每一章、每一节、每一项技能、每一种训练。体育课程思政要遵循一般社会科学研究,要适合于思想政治教育学科的原则,通过运动实践触发情感,使学生在运动中体悟课程内容并留下深刻印象,将运动内容和思政情景相结合,培养兴趣目标,改变态度目标和价值观。

(三)以"运动实践"为引领开拓体育教学方法创新

1. 体育课程思政要将灌输与渗透相结合

灌输是在运动实践中注重启发式教学,能动地将认知和认同内化于心、外化于行,把思政元素注入和移植于体育教学的各个环节。渗透是在运动实践中注重贴近实际、贴近生活,将思政元素向心理环境转移。灌输与渗透相结合的表现形式就是主动与被动的结合,即通过在体育运动中培养兴趣,将被动的学习转为主动的学习并付诸实践。

2. 体育课程思政要将理论与实践相结合

坚持理论联系实际,是体育课程思政范式研究的重要依据,即在运动中"因事而化、因时而进、因势而行"。体育课程的知识理论是在体育课程各学科的运动实践探寻和总结中获得的,体育课程的重点和难点不在于对体育理论的理解,而是在运动实践中对既定目标的追求。

3. 体育课程思政要将历史与实际相结合

历史是现实的前身,现实则是历史的不断延伸。体育课程思政范式研究,要以纵向历史与横向现实为出发点,从体育的历史中认识世界与中国发展的大势比较,通过体育的发展观看中国的发展,在中国体育的历史成就中进行比较,强化使命担当,使体育课程思政元素既源于历史又基于现实,实现体育传承的历史使命又体现现实发展的历史使命。

4. 体育课程思政要将共性与个性相结合

个性与共性的结合是统一性与差异性的结合,是所有事物发展的内在规律。体育课程思政在教育中的价值取向具有普遍性和共性,是体育课程思政范式研究的独特体验。体育课程思政教学范式研究必须遵循共性与个性相结合的原则,既要注重体育运动实践等教学内容的价值取向,又要遵循学生在运动实践中获得的独特体验。

5. 体育课程思政要将课堂教育与纪律约束相结合

体育课程思政的课堂教育通过体育精神、体育道德等的事实和道理,使学生在体育运动中去体悟体育所富含的正能量,在实践中明辨是非,提高认识,形成正确的价值观和高尚的道德。体育课程思政教育和教学范式,必须坚持将课堂教育与纪律约束相结合,积极疏导和启发教育者,引导学生个人品德、社会公德、职业道德沿着健康的方向发展。

（四）以"运动实践"为引领完善体育教学评价体系

"广大教师要积极探索新时代教育教学方法，不断提升教书育人本领"。把控体育课程教育质量从管理到关注教学环境的营造。其中，学生在运动中的体验和感受成为体育教学的关注焦点。强化体育课程思政的活跃性和高效性，关键在于丰富体育运动实践教学的评价方式。

1. 深化运动实践教学认知

运动实践评价需要将科学的体育教学方法与思政元素无缝衔接起来，培养学生在体育运动中的团结协作能力，提升人才培养效能。对于体育课程思政的创新而言，体育教学已不是传统意义上的知识传授过程，而是知识、技术、技能构建和分享过程。要强化学生思政元素的认知，以认知引领实践行为，强健身体塑造人格。要在运动技能考核过程中增加对运动实践教学认识的考核，并按课程类别适当增加考核比例。

2. 更新运动实践考核方式

以运动实践为重点的体育教学设计，在运动中把握好教育教学尺度，对体育课程思政保持理智，让体育资源和运动技术围绕着学生转。重视学生的个体差异，可以采取个人评价与教师评价相结合的方式，让学生参与到教学评价过程中来，不断丰富体育教学运动实践考核方式，破除同一标准的考核方式，不以最终结果来开展考核工作，重视对运动参与、运动提升的过程评价，展示学生在体育教学过程中的进步与提高。

3. 强化群体协作意识和合作精神

在体育运动实践过程中，以体育教师为主体难以让学生获得美好学习体验，而是需要协同互助，这种协同在很大程度上决定了运动实践的学习效果。体育课程思政教学范式创新是在体育运动的过程中寓德于心的过程，体育教师应在体育教学过程中探索新的育人载体和方法。体育课程教学是理论知识和技能技术的结合，体育课程思政不能完全侧重于教师教得好，也不能侧重学生学得好，而是由教师带领和引导学生共同互动，达到一个从未达到的高度。在体育课程思政建设的过程中，应强化课程思政效果的有效性和可持续性。要让学生积极主动参与到课程思政中，需要创新课堂教学组织形式。

第二节　"互联网＋"下体育课程思政建设的实践路径与应用性研究

一、"互联网＋"下体育课程思政建设面临的机遇

(一)党和国家高度重视并提供了理论指导与行动指南

党的十八大以来,党和国家一直高度重视高等学校的人才培养与思想政治教育工作。2016 年,习近平总书记在全国高校思想政治工作会议上指出,要运用新媒体、新技术使工作活起来,推动思想政治工作传统优势同信息技术高度融合,增强时代感和吸引力①。"互联网＋"现代信息技术与教育行业的深度融合是时代所趋。近年来,"新媒体""新技术""信息技术""互联网＋"等关键词被多次提及,而"互联网＋体育课程思政"的结合在丰富教学内容与创新手段等方面为高等学校体育课程思政的建设提供了有益思路。2017 年,中共中央、国务院印发了《关于加强和改进新形势下高校思想政治工作的意见》,提出要推进高校思想政治工作的改革创新,加强互联网思想政治工作载体建设,运用大学生喜欢的表达方式开展思想政治教育②。自此,推进现代信息技术的应用成为新时代高校思想政治工作改革的鲜明导向,并为后期"互联网＋体育课程思政"的建设和实施提供了理论指导与行动指南。

(二)政策的颁布、实施以及在线课程的飞速发展提供了现实基础

2020 年 5 月 28 日,教育部印发《高等学校课程思政建设指导纲要》,其中明确提出要创新课堂教学模式,推进现代信息技术在课程思政教学中的应用,激发学生学习兴趣,引导学生深入思考。2021 年 11 月 24 日,教育部全国高校教师网络培训中心在线上举办了高校教师课程思政教学能力培训班,开班式上教育部高等教育司王岩司长对该纲要进行了深度解读,着重阐述了高等学校课程

---

① 习近平. 在全国高校思想政治工作会议上的讲话[N]. 人民日报,2016-12-09(1).
② 中共中央 国务院印发《关于加强和改进新形势下高校思想政治工作的意见》[N]. 人民日报,2017-02-28(1).

思政为什么、是什么、做什么、怎么做、谁来做的问题,明确了课程思政的目标、价值和任务,并特别提到课程思政建设的重要性、科学性和特色化,强调了要利用现代信息技术的手段来提高"立德树人"实效。此外,自 2008 年开始,全球多所顶尖知名高校如耶鲁、哈佛等率先开展了大规模开放在线课程——慕课(MOOC)建设,其"大规模、开放式、教育资源共享"的理念得到了国际社会与教育界的广泛认同,在教育领域产生了巨大又深刻的影响。

为了学习、借鉴国外的成功经验,创新教育、教学模式并发展在线课程为己所用,教育部相继颁布了一系列政策文件来支持与规范在线课程建设,其中早期对国家级精品课程提出的共享、开放的理念都十分契合当前在线课程的主要特征(表 4-1)。同时,中国高等学校在线课程也经历了由"重建轻用"到"建用一体",再到"建以致用"三个阶段的发展阶段[①]。从 2018 年开始,中国慕课的发展逐渐实现了弯道超车,据光明日报报道:中国慕课数量和应用规模已居世界第一[②]。可见,相关政策的颁布、实施以及在线课程的飞速发展都为"互联网+体育课程思政"提供了现实的基础。

表 4-1　教育部颁布的在线课程建设相关政策文件

序号	颁布时间(年)	文件名称	涉及的主要内容
1	2003	教育部关于启动高等学校教学质量与教学改革工程精品课程建设工作的通知	授予"国家精品课程"形成中国高教精品课程网站(提出共享,在线课程雏形)
2	2011	教育部关于国家精品开放课程建设的实施意见	国家精品开放课程建设(普及共享,提出网络传播开放)
3	2015	教育部关于加强高等学校在线开放课程建设应用与管理的意见	加快推进适合我国国情的与管理的意见在线开放课程和平台建设
4	2019	教育部关于一流本科课程建设的实施意见	"双万计划",2019—2021 年完成 4000 门左右国家精品在线开放课程

---

① 许欢,张诗亚,罗江华. 国内高校在线课程建设理念演化 兼论"互联网+教育"生态体系构建[J]. 现代远程教育研究,2018(3):59-65,93.

② 邓晖. 中国慕课:跑出速度创新标准[N]. 光明日报,2019-04-11(1).

(三)理念转变和创新驱动提供了时代契机

时至今日,课程思政的概念已逐步深入人心,并在全国高校范围内掀起了课程思政建设的热潮。从教育部到各省、市、高校都对全面推进课程思政建设是落实立德树人根本任务的战略举措,影响甚至决定着接班人培养问题,影响甚至决定着国家长治久安,影响甚至决定着民族复兴和国家崛起形成了广泛而又深刻的共识。2014年由上海市委、市政府印发的《上海市教育综合改革方案(2014—2020年)》最早形成了课程思政的雏形,率先开始探索由思政课程向课程思政转变的德育创新方式。而高等学校课程思政建设在历经理论探索、制度创新和试点推进三个时期后,转而进入规范建设阶段,由"大水漫灌"逐步向"精准滴灌"的科学化、精细化的人才培养方式和取得立德树人实效着眼、着力和着手的理念进行转变。如果说课程思政的出现是对高等学校传统思想政治教育工作的科学创新,那么基于"互联网+"资源的在线课程模式在体育课程思政上的推广应用,便是对课程思政在课程模式与教学模式上的再次创新尝试,"互联网+体育课程思政"建设更应牢牢抓住这一时代契机。

二、高校"互联网+"体育课程思政建设的实践路径

(一)遵循政治性与学理性、显性与隐性相统一的原则开展课程构建

"互联网+体育课程思政"的关键在于,它既是对体育在线课程的总体构建,又直接受课程的目标、内容与考核评价等因素决定。其中,课程目标是整个课程构建的起点和准则,又是设计课程内容、考核评价与开展其他教学环节的重要依据。要充分发挥体育在线课程的思政功能,实现对大学生的价值引领,就需要对课程目标进行"思政融合",对课程内容实施"思政激发",对课程考核评价增加"思政分量"[①]。

从确立课程目标来看,向学生传授专业知识,培养学生专业能力是学理性和显性的,价值塑造是政治性和隐性的,只有两者融合,确立引导价值与传授知识、培养能力相统一的课程目标,才能落实立德树人的根本任务;从设计课程内容来看,体育在线课程中专业知识的章节、重难点是学理性和显性的,政治认

---

① 陈克正. 新时代高校"体育+思政"协同融合育人体系的构建[J]. 思想理论教育导刊,2020(9):152-154.

同、家国情怀、文化素养、宪法法治意识与道德修养等是政治性和隐性的。教师可对课程内容进行挖掘,激发思政元素,引入体育发展史、人物传记、案例等内容以视频、音频及图片等形式予以展现,并通过讲解、分析与互动讨论,引导学生进行反思来实现课程目标。从考核评价设置来看,学生的知识技能学习效果与课程体验是学理性和显性的,通过学习过程最终内化所展现的思想道德和精神风貌是政治性和隐性的。考核评价应增加思政分量,且评价标的越清晰,所获取的学习结果证据越有效,通过课内与课外相结合、线上与线下相结合、过程与结果相结合、定量与定性相结合来建立多维的思政效果考核评价体系,并以此来确保课程目标的落实。

(二)探索立体多元化模式,发挥现代信息技术在体育课程思政上的优势

基于"互联网＋"的 MOOC(大规模开放在线课程)与 SPOC(小规模、限制性在线课程)对于体育课程思政建设都有各自的特色。MOOC 因其具备学习人数多、产出效率高的优点,而被视作为数字化的教育教学打开了便捷之门,但随着 MOOC 的进一步广泛应用,学生完成比例少、学习进度不同、师生缺乏互动,以及依托第三方平台不便于管理等所引发的教学质量问题也日渐凸现,而体育课程思政的实施成效还极大地依赖于教师与学生之间的深度交流、互动和反馈。

SPOC 的出现能够弥补 MOOC 的不足,SPOC 可以被认为是对 MOOC 的发展与补充,概括为"SPOC＝线上 MOOC＋线下课堂教学"[1],采用混合式教学模式来实施翻转课堂。各高校可因校制宜,采用校外以"学堂在线""智慧树""中国大学 MOOC"等平台为依托的名师 MOOC,校内可依据 SPOC 的创建理念限制学生人数与先修课程要求设置部分课程试点,以线上名师 MOOC＋线下课堂教学的方式来实现 SPOC。课前安排学生借助 MOOC 来预习,课中可进行讲解、示范、练习与分组讨论,课后可通过线上测试、作业等方式来反馈和答疑。采用这些多元化模式,能够充分发挥现代信息技术在体育课程思政上的优势,让学生发现自己的体育特长以及自己在运动天赋上的优势,教师也能够及时了解学生的个性特征、兴趣爱好、思想与精神层面的不足并加以引导。而适时反馈又能突显学生在课程学习中的主体地位。教师也可根据学生的学习

---

① 邓斌,来旭,谢华英. SPOC:MOOC 的替代者还是新发展?[J]. 高等教育研究学报,2017(3):53-57.

需求、思想与精神层面的变化进展不断改进和完善教学任务、计划与方法，以确保体育课程思政的实施推进。

(三)形成全员育人合力，强化教师的信息化应用能力与课程思政意识

课程思政是一种大思政理念在课程教学中的具体表现，是一种课程观，各门课都要"守好一段渠、种好责任田"。课程思政并不是某一门课程或某一位教师的事情。首先，要坚持"三全育人"理念就需要整合教师资源，加强团队建设，形成全员育人的合力；其次，与以往传统的课程模式与教学模式有较大的不同，"互联网＋"体育课程思政建设注重的是运用现代化教育信息技术的手段，通过体育课程的载体在对大学生进行体育知识传授、体育能力培养的同时实现体育内涵的价值引领，在其得到身体素质的提高与运动技能的形成过程中达到立德树人而又春风化雨润物无声的结果。这就对教师的信息化应用能力和课程思政意识都有较高的要求。

具体可从以下几方面着手：其一，从承担课程所属的专项技能或二级学科进行分类，组建教师团队，确定团队负责人并优化成员的年龄与性别结构；其二，规划好教师团队建设的中、长期发展目标与愿景，特别注意要培养团队成员的信息化应用能力和政治素养，明确课程思政育人的责任担当，并引入竞争与激励机制；其三，通过"请进来，走出去"的方式，鼓励团队成员积极参与在线课程与课程思政领域的专题培训、研讨和专家讲座；其四，通过定期集中备课、相互听课、在线课程建设与开发、教学研究等方式增进团队教师之间的交流、合作与沟通，以此来强化他们的信息化应用能力与课程思政意识。

(四)加强组织与管理，提供支持和保障来提升体育在线课程的话语体系

"互联网＋体育课程思政"关联着体育在线课程的设计、内容到结构等方面的重构和调整，而体育在线课程的顶层设计、建设到实施又涉及学校教务管理部门、二级学院、教师与学生，顶层设计在学校教务管理部门，建设的重心在二级学院，而实施的关键与成效又在于教师与学生。因此就需要建立自上而下、多元参与并与之相适应的组织领导架构和课程管理机制。一是从组织领导上，校院两级党委要肩负起主体责任，以教务部门为主导，二级学院具体发挥在人才培养方案制定、课程教学改革、教学组织实施、教学质量评价与考核等方面的管理和执行作用。二是制定科学的"互联网＋体育课程思政"评价与考核管理

办法、规章和制度,突出激励导向。对于学生评价、同行评价反馈突出,效果好,考核优秀的课程与项目,将其纳入教师年终绩效并予以奖励。三是从政策支持与经费保障入手,制定相应政策来鼓励体育教师主动参与体育在线课程的改革创新,推动建设一批高质量的符合"两性一度"标准的体育在线课程,以此来提升体育在线课程的话语体系,并积极开展体育在线课程模式下课程思政的实践,支持相关领域的教学和课程改革研究立项,并保障项目经费专款专用。只有如此才能形成"教师有热度、课程有高度、育人有厚度"的良好局面,营造"互联网+体育课程思政"建设的敢想、愿做、有为的教学改革氛围。

现代信息技术与教育教学的深度融合是时代所趋,在线课程的广泛应用为中国高校"互联网+"体育课程思政的稳步推进提供了科学创新的思路。当前,"互联网+"体育课程思政在体育学界还处于探索阶段,面临着体育在线课程话语体系亟待提升,现代信息技术对于体育课程思政的作用未受重视,以及体育教师的信息技术应用与课程思政意识不足等挑战。要提高体育课程思政的时代感与吸引力,借助在线课程等"互联网+"资源增强育人实效,还需以创新课堂教学模式为核心动力,依据"两性"相统一的原则从课程目标、课程内容以及考核评价入手开展课程构建。在此基础上各高校应加强组织与管理,提供支持和保障来提升体育在线课程的话语体系并探索立体多元化模式,发挥现代信息技术在体育课程思政上的优势。此外,要形成全员育人合力,强化教师的信息化应用能力与课程思政意识,达成更富成效的"互联网+体育课程思政"建设实践路径。

三、"互联网+"下高校体育课程思政建设的应用性研究

(一)"互联网+"下高校体育课程思政建设应用性研究的价值

1. 帮助一线专业教师在课程思政建设中拓展思路

课堂思政指以构建全员、全程、全课程育人格局的形式使各类课程与思想政治理论课同向同行,形成协同效应,把立德树人作为教育的根本任务的一种综合教育理念。因此,发掘、梳理、整合学科中的思政元素,做好学科课程建设是每一位一线教师面临的同时必须解决的实际问题。"互联网+"为一线体育教师在课程思政建设实践中突破时间、空间限制,进行教学方法创新、教学资源积累展示等方面开拓了思路。

2. 对体育学科开展课程思政建设进行有益的应用性探索

体育学科的课程思政建设实践,将"内容创新""设计创新"以及"互联网＋"技术作为研究的切入点。将三者之间关系、地位梳理、辨析、明确之后,本着"必须围绕学生、关照学生、服务学生,不断提高学生思想水平、政治觉悟、道德品质、文化素养,让学生成为德才兼备、全面发展的人才"的基本原则,在进行体育课程思政建设过程中大胆假设小心求证,力求为体育课程思政建设提供最优育人路径,增强体育育人功能的实效性,为体育课程思政建设探索道路。

3. 基于"互联网＋"的体育课程思政建设成果应用,其核心价值是体育育人的质量

(1)创新与应用。创新与应用是体育课程思政建设核心价值之一。一是内容创新与应用。体育课程思政建设中课程内容的创新,是发掘、整理符合时代特点的思政元素,用于课程建设中。课程思政内容服务于学生德育工作,思政元素体现核心价值在于其应用对于学生的价值引领作用,即"为学生点亮理想的灯、照亮前行的路,激励学生自觉把个人的理想追求融入国家和民族的事业中,勇作走在时代前列的奋进者、开拓者"。二是设计创新应用。体育课程思政建设中课程设计要遵循"提升思想政治教育亲和力和针对性,满足学生成长发展需求和期待"的原则,从学生出发,以满足学生德育需求为出发点,以学生德育教育的应用性为落脚点,体育课程思政必须合理吸收思政课的经验,同时坚持与课程思政的差异性和体育课程德育教育的独特性,确保思想政治教育的整体性和系统性,充分结合体育学科的特点,提高学生的参与性与互动性。

(2)建设与应用。体育课程思政建设本身就是非常必要的,它的重点就体现在建设成果得到有效应用,这种应用体现在原有体育课程学科建设的全方位、全领域、全要素的体育德育科学体系在育人环节发挥的积极作用。体育学科课程建设的主体都是学生,而教师是课程的关键,教材是基础。在体育思政元素的挖掘、整理过程中,主流核心价值体现是先决条件。移动信息技术的合理介入能有效扩大传播范围,提高传播效果,增加效果反馈。同时,制度建设是其根本保障。建设的全过程就是为了更好地进行应用。

(3)应用与反馈。体育课程思政建设要做到因事而化、因时而进,因势而新,不应当以单纯的"体育课程＋思政教育"模式展开。教师不能把体育课程单纯理解成体育知识和运动技能的传授,把学生当成知识和技能的容器,忽视学生的主体性,忽视体育的育人功能,忽视学生在德育过程中的迷茫、困惑与反馈。这也是课程建设在应用过程中要解决的重要问题。这种"见物不见人"的课程价值取向,一方面,势必导致课程目标与学习要求的分离,另一方面,造成知识传授与价值引领的二元对立,淡化了体育课程的育人功能,削弱了体育课程系统知识、运动技能及体育参与对学生思想品德的陶冶作用。体育课程思政建设的最终目的在应用于学生德育教育工作。没有反馈的应用脱离了课程思政建设的育人本源,达不到与传统思政课程同向同行的目标要求。

因此,追溯体育课程育人本义,旨在回归体育课程育人功能的本源,反思课程实施中存在的问题,深挖体育课程所蕴含的思政元素及其承载的育人功能,并对这些思政元素进行"新认识、新定位、新应用",通过引入适合的移动互联网技术应用于体育德育教育的各个环节、各个领域,真正做到体育德育工作的课内外一体化,通过有效的移动技术,增强学生德育效果并积极反馈,促进体育课程思政建设不断改进,提升体育德育工作效果。这就是应用性研究的实用价值本源。

(二)"互联网+"下高校体育课程思政建设应用性研究的重点

充分发掘体育学科蕴含的思想政治教育资源,在做好主渠道的同时,不断完善体育课程思政的课程体系建设。首先,基于应用的体育课程思政资源开发必须以马克思主义理论为指导,教师主导课程建设的价值方向,用体育的方式服务于大学生的德育工作,运用可以培养大学生理想信念、价值取向、政治信仰、社会责任的题材与内容,进一步融合社会主义核心价值观,全面提高大学生缘事析理、明辨是非的能力。其次,运用新媒体新技术、移动网络技术等现代技术手段使德育工作活起来,推动思想政治工作传统优势同信息技术高度融合,增强其时代感和吸引力。这就是体育课程思政建设与应用过程中选择适切的路径并进行重点突破的方向。

基于应用的体育课程思政建设基础是内容创新和设计创新,以"围绕学生、关照学生、服务学生"为出发点,以内容应用为落脚点,挖掘、整理、归纳、总结体育课程中的有效思政元素,在教育过程中让育人主体更容易接受。在体育课程中融入思想政治教育的教学方案,编制相应的教学指南。体育课程思政建设必须合理吸收思政课的经验,结合体育课的特点,同时坚持体育课程思政的差异性和独特性,确保体育育人功能在思想政治教育中的整体性和系统性。如何切实推动习近平新时代中国特色社会主义思想进教材、进课堂、进头脑是课程内容建设的基本目标。课程设计是用好有效思政元素的关键,其遵循新时期体育育人的基本目标:不断提高学生思想水平、政治觉悟、道德品质、文化素养,让学生成为德才兼备、全面发展的人才。在遵循这一基本目标的基础上,应结合体育学科的特点,本着"知识脉络清晰,专业理论厚实,案例鲜活生动,精神分享有益,互动体验明显,反馈及时有效"的体育课程思政建设方向和目标,这也是做好体育课程思政建设的基本条件。

(三)体育课程思政建设应用性的实现策略

1. 应用过程做好价值引领

做好体育课程思政建设工作,重在提高思想认识、解决突出问题、抓好任务落实。有效培育体育教师的思政意识,正确处理知识传授与价值引领之间的关系。体育教师都要做好学生健康成长的指导者和引路人,将"价值引领、能力培养、知识传授、运动参与"四位一体的体育育人导向作用,在体育课程思政建设过程中运用合适的技术手段加以体现。

应用过程保持核心价值不动摇。以立德树人为出发点,以不断提高学生思想水平、政治觉悟、道德品质、文化素养为德育培养目标,以正确认识时代责任和历史使命,用中国梦激扬青春梦,为学生点亮理想的灯、照亮前行的路为体育课程思政建设的思想内涵。在各种思潮不断冲击的时代背景下,体育课程思政建设要因事而化、因时而进、因势而新,保持社会主义核心价值的不动摇。

2. 创新应用是解决体育课程思政建设问题的有效路径

在这种实践过程必须以"围绕学生、关照学生、服务学生"为出发点和落脚点,解决体育教学在课程思政方面如何同行同向的实际问题。解决体育课程思政建设问题的有效路径在于"内容＋设计＋移动互联网技术"的整合、应用、实践与反馈:利用什么样的移动互联网技术整合教学内容和教学设计,让学生更容易接受并能得到有效反馈。在"移动互联网＋"的时代背景下,新思潮不断快速冲击大学生,一线教师也要能够运用新媒体新技术使思政教育活起来,与时俱进,增加时代感和亲和力,迎合学生的心理诉求,让思政教育内容不死板,形式更多样,学习更方便,影响更深入。

3. 效果评价是应用的关键环节

建立完善的体育德育效果评价体系是体育课程思政体现育人效果的重要

量化指标之一,是其可持续发展的关键源泉和动力。体育课程思政育人效果评价系统的聚焦点和着力点,应该分为理论认同、感情认同、实践认同几个不同的层次,应该包括师与生、教与学、学与用、知与行等多个环节,应该包括课堂反馈与课后反馈、教师反馈与学生反馈、成绩反馈与数据反馈等多个方面,科学评估体育课程思政的育人效果,评价体系应该是不断改进的,应该包括育人的全过程、全要素的评价及长效育人机制。

第三节　立德树人理念下体育课程思政建设的实践路径研究

进行体育教育创新优化改革的首要任务就是要明确培养什么样的人,在当前"五育并举"的背景下,高校体育课程进行思政建设的本质就是要占领立德树人的制高点,成为高校落实立德树人根本任务的重要组成部分。高校体育课程思政要借助体育课程中蕴含的思想政治元素,为高校培养德智体美劳全面发展的素质人才提供助力,进而助推高校完成立德树人根本任务。

一、立德树人理念下高校体育课程思政建设的特点与难点

(一)立德树人理念下高校体育课程思政建设的特点

在立德树人理念的引领下,新时期高校体育课程思政建设主要展现出三个突出特点:

1. 价值引领特点

课程思政将高校体育的教学重心转移到强化大学生核心价值观的方向。高校体育课程的一切课程内容、知识技能传授都必须做到与价值引领融合统一,以履行体育课程协同育人的应有之责。

2. "育德于体"的特点

高校要借助体育教学落实立德树人根本任务。高校要想切实完成德育教育任务就必须将德育教育落实到体育课程教学的始终,通过体育课程对大学生进行强身健体、提升道德修养、完善素质、陶冶情操等教育,使大学生在正确的社会主义核心价值观引导下实现全面发展。

3.人文立课的教学特点

家国情怀、社会责任、意识形态等人文素养元素是体育课程思政教学中应用最为广泛的思政元素。通过这些人文素养元素的融入，高校体育课程思政将这种价值关怀和生存意义的精神文明理念嵌入大学生的意识形态，使体育教育更加贴合社会发展需要，展现出人文立课的价值引领作用。

(二)立德树人理念下高校体育课程思政建设的难点

从表面上看，体育学科与思想政治教育是两个不同的学科领域。在立德树人理念下，高校体育开展课程思政建设，充分发挥思想政治教育对体育教学的价值引领作用必然会面对一系列的难点。一方面，对体育课程的教学内容与思想政治教育元素两者进行融会贯通存在一定的困难。如何通过科学完善的顶层设计将践行社会主义核心价值观的思想政治核心内容融入体育知识传授的过程中一直是令体育教师头疼的问题。另一方面，高校体育课程思政如何构建和完善协同育人机制是一个重要难点。当前部分高校体育教师依然没有充分认识到思政教育对提高体育人才培养质量的重要意义，且显性教育与隐性教育的协调统一发展尚未找到一个完美的平衡点，课程思政的价值主导性和主体性还没有完全展现。

二、立德树人理念下高校体育课程思政的实施路径

(一)强化立德责任，提升体育教师素养

体育教师肩负着立德树人的时代重任，执行着课程思政的育人使命。新时代体育教师应该具备扎实的思政素养，从牢固树立思政意识和提高思政教育能力两方面入手，努力为体育课程思政实现立德树人根本任务做出无愧于时代、无愧于人民的贡献。

1.树立体育教师的思政意识

(1)体育教师要注重知识传授与价值引领相结合。体育教师要注重育人效果而非刻板地植入思政元素。当代大学生获取知识的渠道越来越丰富、自我个性越来越强等都给思政教育的开展带来了不小的挑战。教师一味采用灌输式的知识传授方式达不到调动学生的主体性和创造性的目的，也难以激发学生对体育课程的兴趣，反而会使学生厌烦、产生排斥心理，导致思政教育失去有效

性。同时脱离了逻辑和知识的价值观教育达不到让学生产生价值认同的效果，甚至还会引起学生的思想排斥和价值抵触。教师要始终坚持在传授知识的同时实现价值引领，将二者进行有效的结合从而提高思政教育的实效性。

（2）体育教师要做到专业知识自我内化、提升思政修养，做到紧跟体育知识前沿与探索研究深度，具有使命感与责任感。要深刻认识到课程思政的重要性，在体育教学中积极引导学生树立正确的世界观、人生观和价值观。体育教师也要强化自律意识，利用课余时间登录全国课程思政教学资源服务平台——新华思政，在网上观看学习课程思政示范课程，不断加强思想政治学习与实践，并严于律己做到思想和行为上的一致。体育教师应在教书育人的过程中融入社会主义核心价值观并培养良好的师德师风、营造良好的教学氛围，争当国家发展建设的助力者、优秀文化思想的传播者和学生健康成长的引导者。

（3）体育教师应长期坚持开展课程思政并为之不懈建设。体育教师只有明确课程思政的育人理念、认同价值，才能坚定信念、坚持开展课程思政，并在这一过程中发现问题并及时解决与改善。教师在体育课上可以加入一些中华优秀传统文化，让体育课程思政具有历史文化气息从而吸引学生积极参与其中。在中华优秀传统文化的熏陶下培养学生的责任感与使命感、提高学生的道德素质，让师生在体育课程思政的实施中共同进步。

（4）体育教师要做到全程育人，充分保障教学目标、教学内容、教学方法以及教学评价能够起到思政育人的效果。教学目标的设定要结合具体的思政目标，教学内容要充分挖掘体育课中的思政元素，教学方法的使用要结合课程思政开展的需求，教学评价要贯彻思政育人的理念。教师也要讲究课堂质量，根据体育课程教学安排适当地开展课程思政。

（5）体育教师之间应加强教学工作交流，这样有利于体育教师共同进步、取长补短，也有利于避免思政内容的重复。教师应积极参加培训研修，在日常工作中主动参与学术研讨活动，不断更新自己的知识体系与框架、扩充知识、拓宽视野，将理论与实践相结合，推进课程思政的发展。

2. 提高体育教师思政教育能力

（1）体育教师要提高课程思政的教学与管理能力。体育教师不仅要营造出良好的体育课程思政氛围来充分激发学生的学习兴趣，也需要通过探究讨论的方式积极引导学生以保障教学效果。同时，教师要着力提高体育教学能力，在体育课上积极为学生做动作示范，帮助学生认识到体育运动中蕴含的体育精神。对于思政内容的融入程度及时调整,做到课程思政的润物无声。

(2)体育教师要提高课程与教材开发的能力。教师要着重关注如何将思政元素与内容融入体育教材并做好体育课程体系的创新,围绕思政育人开展教学工作。课程与教材开发能力的形成不仅需要借助思政教育专家、课程论专家等专业的教学指导,也离不开体育教师个人的积极探索。同时,体育教师在教学实践中要不断思考、积累经验。

(3)体育教师需要提高研究学生的能力。教师要主动了解学生的兴趣、爱好、话语体系以及需求与期待。只有抓住学生的心理才能做到对学生的正确引导。不同类型的学生对技术和知识的掌握进度不同,对事物的理解能力也有所差异,教师只有尊重学生个体的差异性才能关注学生个性因材施教。

(4)体育教师要具备教学反思与发展的能力。体育课程思政的实施过程中总会遇到各种各样的问题,教师要主动对问题进行思考并深入问题中去找到解决问题的办法。教师思考的过程也是体育课程思政改进与提升的过程。要主动思考体育课中的思政资源融入程度是否符合育人要求,是否能引起学生的学习兴趣,并营造良好的体育课堂文化环境来激发学生体育运动兴趣、培养学生良好的道德品质和审美情趣。同时不断反思、不断总结、不断精进。

(5)体育教师要提高课程思政评价能力。体育教师能够通过评价工具全过程对学生思政素质的发展情况做出评价以及全方位地对学生的情感、态度价值观以及行为表现做出评价。体育教师要引导学生积极进行自我认识和自我评价,培养学生参与集体活动后自我教育的能力,让学生学会团结协作。同时,教师还要立足于体育课和思政教育两个方面及时对教学效果做出评价,以便日后改进教学工作。

(二)改善立德环境,优化体育课程思政教学环境

体育课教学环境作为外部因素对课程开展的效果具有一定的影响。学校加强政策的激励和场地设施条件的提供是优化高校体育课程思政教学环境的物质保障,教师积极营造良好的体育课堂文化氛围是优化高校体育课程思政教学环境的基础。

1. 学校加强政策的激励和场地设施条件的提供

(1)建立公平、科学、有效的激励机制对高校体育课程思政的实施有着不可替代的作用。学校出台激励制度、奖励课程思政金课教师、激发体育教师参与课程思政的主动性与积极性,能够更好地达到育人目标。学校建立行之有效的激励机制既是实现教学目标的迫切需要,也是落实体育课程思政的必然选择。

(2)在体育课程思政实施过程中,学校要加大支持的力度为课程思政的实施开拓空间并做好充足的物质保障。学校要依据国家政策并结合自身实际情况制定出具有学校特色的体育课程思政规则制度,并落实相关实施细则将体育课程思政的实施具体化,根据实施细则切实安排工作任务。

(3)应加大对体育场地设施的建设。通过对学校体育场地、器材的配备与完善,为学生开展丰富多彩的体育活动提供物质上的保障,潜移默化地引导大学生进行体育锻炼。同时开展丰富多彩的体育教学比赛或体育图片展示、体育知识竞赛等活动以展示体育的魅力。

2. 教师积极营造良好的体育课堂文化氛围

(1)要加强体育课师生之间的交流,这对于改善体育课堂教学环境有着积极的促进作用。体育课程思政的发展需要师生积极主动交流。在体育课堂上,师生之间的交流不仅能够增进教师对学生的了解,也有利于体育教师有针对性地融入思政教育资源。教师适当地与学生进行交流、了解学生的实际情况并注重学生的差异性,根据不同学生的需要合理调整教学中的工作安排,并根据学生的反馈及时改进体育教学中存在的问题。教师在与学生的沟通交流中要多鼓励学生参与体育运动、掌握体育技术、积极参与体育竞赛、遵守体育规则、养成正确的胜负观,关爱学生成长成才。

(2)教师作为创造良好教学环境的主导者,一言一行、一举一动直接影响学生的心理,使学生产生不同的情绪状态。由此可见,教师应该以饱满的激情投入到教学之中去。创建良好的语言教学环境、合理地布置场地器材、设置问题情境、适当利用音乐与舞蹈、利用游戏与比赛、创建良好的教学环境都能使课堂气氛更加活跃,同时愉快地完成教学任务。

(3)教师要顺应时代发展的潮流,使用各种网络技术手段搜索与体育课程思政有关的教育资源并将这些思政资源运用到师生交流的话题中去,让学生感受思政教育的洗礼。比如,课前通过微信、QQ等社交平台推送体育赛事以及获奖运动员爱国宣言,引导学生在感受竞技体育魅力的同时厚植爱国精神、学习集体主义精神。课后推送体育发展的伟大历史进程,如2008年北京奥运会和2022年冬奥会的成功举办无不体现祖国的日益强大,从而赋予学生作为时代接班人的责任感与使命感。

（4）教师要注重竞技文化的培养。在体育课堂中适当融入竞技体育资源、彰显竞技体育文化是培养体育文化的有效措施。体育课堂以学生的体育锻炼和思政教育为中心。但体育课堂时间是有限的，依靠短暂的体育课堂教学时间来实现体育文化的全面培养是不够的，所以应该加大力度培养学生的竞技意识和体育行为，让学生养成终身体育锻炼的习惯，即使在课外也能积极主动地参与到体育运动中去。学生积极参与课外体育运动也是体育课堂文化的另一种拓展。

（三）明确立德原则，执行体育课程思政三大原则

高校体育课程思政的实施需要遵循一定的原则，包含体育课程思政的目的性、体育课程思政的规律性和体育课程思政的系统性。只有严格按照原则执行才能保障课程思政的实施不跑偏，最终实现体育育人价值。

1. 执行体育课程思政的目的性

（1）体育课程思政要为体育育人目标服务。体育课程思政要避免体育课思政化。在完成体育课教学目标的基础上适当合理地融入思政育人目标以达到课程思政为体育专业培养目标服务的效果。目标的制定要以学生为中心，同时教师做好全方位的引导以不断提高学生的思想道德素养。课堂上充分发挥开展体育课程思政的优势让学生全身心投入其中，实现育人价值。根据体育课程思政开展的形式做好教学设计，在教学实践中推动体育课程思政长效、稳定地发展。

（2）体育课程思政要服从服务于学校培养目标的育人要求。体育课课程思政的教育目标要以立德树人为导向，明确立德树人的价值引领，结合课程思政相关理论、学校培养目标的育人要求以及国家对其制定的相关纲要，充分发挥体育课程思政的优势。

2. 执行体育课程思政的规律性

（1）体育课程思政要符合思想工作规律。体育课程思政就是把体育课与思政教育相结合进而形成协同效应。以科学理论作为指导并保持正确的政治导向从而提高体育教学的实效性。这既是做好体育课程思政的前提，也是开展体育课思政工作所要遵循的基本规律。

（2）体育课程思政要符合教书育人规律。教书与育人两者有着互动的关系：教书在前，育人在后；教书是手段，育人是目的。教书是为了更好地育人，而

育人需要教书才能得以实现。体育课程思政的中心思想是将思政教育工作融入体育课程中。思政工作重在育人,体育课程重在知识和技术的传授,两者之间有着相互促进的作用。教书就要以增强学生的体验感为主,在了解学生的接受程度的同时遵循事物的发展与认知规律,同时要符合道德教育规律,杜绝灌输式教学。育人要做到因材施教并结合学生的实际情况,在学生兴趣饱满时适当拓展更多思政教育内容。在教学过程中以幽默、简练作为课堂语言的主要特色。始终把学生放在课堂教学的第一位并适时调整教学案例。

(3)体育课程思政要符合学生成长规律。目前大学生普遍是 00 后,这代人是伴随互联网技术的快速发展成长起来的,大学时代也是他们思想观念成熟的关键期,尤其是他们的世界观、人生观、价值观。无论是进行知识的传授还是情感的熏陶都要始终坚持遵循学生的成长规律、注重学生体验与自我感悟。学生是教学的受众群体,关注学生参与体育课程思政的程度与收获、增强学生的体验感是提高教学效果的关键所在。只有尊重学生的主体地位,学生才能够通过参与体育课程思政提升自身健康状态、提高社会适应能力,收获坚强的意志、高尚的道德情操,增强自信。教师要了解学生的真实体验,根据学生反馈合理运用与安排课程思政过程。

3. 执行体育课程思政的系统性

(1)体育课程思政要达到思政课和体育课相协同。体育课程中蕴含了大量的思政教育元素,对于学生的全面发展有着至关重要的作用。体育课与学校其他课程相比在超越自我、锻炼意志品质上有着得天独厚的育人优势,这也是其他课程无法比拟的。无论是在体育技术学习中学生的顽强与坚持,还是体育运动中为了获取胜利学生的倾力协作,无不体现体育课中思政元素的育人魅力。这无可替代的教育价值优势使得学生之间、学生与教师之间交流更为亲密。引导学生做一个富有爱心的体育传播者是学校和教师的责任所在。

(2)体育课程思政要实现课内外、校内外协同,加强学校体育课程思政规章制度的建设与落实、坚持体育课程思政深入开展、明确立德树人价值引领。学校有关部门要相互积极配合,同时建立健全高校体育课程思政领导制度,加强校际合作共同推进课程思政的育人进程。要建立客观公平的评价反馈机制以推动体育教师将课程思政落实到体育教学活动中,同时做到及时反馈,针对实施过程中的不合理环节进行调整与完善,合理推动高校体育课程思政的改革进程。建立统一的体育课程思政资源库有利于规范教师安排课程思政内容,有利于突出体育课程思政的政治引领和价值引导作用,真正实现立德树人。

(四)构筑立德体系,遵守体育课程思政教学实践步骤

高校体育课程思政的实施要想取得良好的效果仅有理论指导还不够,需要深入到教学实践中去做好体育课程思政的设计和执行。体育课程思政的教学设计包含设定课程思政教学目标、挖掘并梳理体育课中的思政内容、创新体育课程思政教学方法和完善体育课程思政教学评价四个步骤。

1. 设定课程思政教学目标

(1)教学目标的设定要将体育知识传授、价值塑造和能力培养融为一体。要紧紧围绕实现立德树人根本任务来确定体育课程思政的教学目标,同时教学目标的设定要以习近平新时代中国特色社会主义思想内容为指导,坚持知识传授与价值引领同频共振。再结合可以提高大学生人文素质、科学精神、宪法意识、国家安全意识和认知能力等相关思政修养的题材,让学生能够通过体育学习塑造良好品格,不断提高学生思想道德水平,提高学生服务国家、服务人民的社会责任感,培养全面发展、堪当民族复兴大任的社会主义建设者和接班人。

(2)教学目标的设定要根据不同体育课程性质、特点准确定位。目标设置要有侧重点,不同的学科可以设定不同的目标。结合教学开展的侧重点合理适当地加入思政元素,旨在让学生在学习体育技术的同时能够提高素养、陶冶情操、温润心灵、激发创造创新活力。集体运动项目与个人运动项目在教学目标设置上应存在略微的差异。个人运动项目(如武术、乒乓球、健美操)主要展现对学生的鼓舞与帮助等方面;集体运动项目(如篮球、足球、排球)体现更多的是学生之间的合作与协助。

(3)教学目标的设定应该立足体育的特色特点。教学目标的设定要突出体育所蕴含的特点,同时要符合体育课教学的风格。教师要对现有的体育课程目标进行完善,补充与思政教育一致的教育要素,做到既能充分完成体育教学任务也能实现立德树人,让学生在体育课上接受思政教育的洗礼。

(4)教学目标的设定要考虑学生的实际情况。教学目标要根据学生对课程思政的兴趣以及学生的学习情况做出相应的调整,适当结合相应的时政热点并灵活运用。同时,要结合学生在体育课上的实际需求,保证需求支持教学目标、教学目标满足需求。积极引导学生加强思政教育,上好每一节体育课。

2.挖掘并梳理体育课中的思政内容

立德树人理念下体育课中的思政内容如图 4-2 所示。

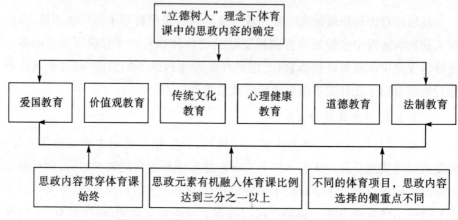

图 4-2　立德树人理念下体育课中的思政内容

（1）合理安排课程思政与教学内容的融合过程。教学内容作为课堂教学的重要一环要明确体育教学对学生的价值引领。挖掘并梳理体育课程中的思政内容，以下六个方面：爱国教育、价值观教育、传统文化教育、心理健康教育、道德教育和法制教育。例如，通过武术相关知识的学习，提高学生文化素养；通过足球比赛规则的遵守，提高学生法治意识；通过篮球游戏的竞争，提高学生团队协作能力；通过弘扬女排名将事迹，培养学生的家国情怀；通过结合政策热点，提高学生的道德素养；通过健美操课堂互动，提高学生人际交往能力等来调动学生的兴趣，让学生全身心融入体育课堂。

（2）体育课具体教学项目不同，实施课程思政的教学效果也存在差异。不同的教学项目需要具体融入的课程思政内容也就不同。例如，集体运动项目中篮球、足球、排球的教学内容适合融入培养学生之间互帮互助的集体意识以及大局观。而个人运动项目中武术、乒乓球、健美操的教学内容适合融入培养学生不怕困难、超越自我的拼搏精神。虽然体育课程拥有其独特的育人优势，但不同项目之间也存在一定的差异。根据不同的项目找到更为适合的侧重点进而具有针对性地开展体育课程思政工作能够达到事半功倍的育人效果。

（3）思政内容要贯穿体育课程始终。体育教师将思政教育内容贯穿整节课的准备部分、基本部分和结束部分，并合理搭配思政教育内容令思政育人效果最大化。再体育教学过程中，教师要激发学生对体育运动的热爱，让学生养成终身体育的好习惯。同时教师要占据体育课的主导地位并对学生进行思政引领，合理地利用思政教育内容实现学校教学的育人目标。

3. 创新体育课程思政教学方法

立德树人理念下体育课程思政教学方法的选择如图4-3所示。

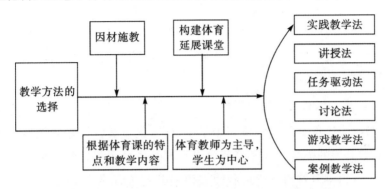

图 4-3　立德树人理念下体育课程思政教学方法的选择

（1）以教师为主导、以学生为中心采取多元化的教学方法。教师将课程讲授与实践教学相结合，利用场地、器材，创新与优化传统教学方法让思政教育能够做到顺利地在学生之间传递与普及。在体育课上教师采取多种教学方法引导学生按时完成技术动作的学习，使学生在扎实体育技能的同时提高思想道德水平、完善人格。

例如，篮球课上，教师运用案例教学法营造出和谐融洽的教学情境，并引入球星之间默契配合、运用精湛的传球技术取得比赛胜利等相关真实篮球运动案例，不仅能让学生身临其境对问题进行反思、感悟队友之间合作与信任的魅力，也能让学生之间展开激烈的讨论，加强学生之间的沟通与交流，培养学生的表达能力和分析解决问题的能力。足球课上，游戏教学法的运用需要体育教师引入足球小游戏。在足球小游戏开始前，教师强调游戏规则的遵守并以身作则让学生享受足球运动的魅力，同时培养学生的规矩意识。在组织足球游戏的过程中引入对学生的思政教育，让学生产生浓厚的兴趣，爱上体育课堂。健美操课上，在运用实践教学法的同时加强教师在学生参与健美操学习过程中的技术引领与语言感染。通过对健美操技术动作的反复练习使学生加深肌肉记忆。当学生对技术动作练习产生厌倦之际，教师借助语言的魅力向学生传达坚持不懈、拼搏进取的思政精神，提高思政教育效果。

（2）积极构建体育课程延展课堂以丰富体育课程教学方法。教师在体育课堂教学中增加必要的小组活动、竞赛活动。小组活动可以将学生按人数划分为若干个学习小组,并分别选出小组长。体育技能的练习可以以小组为单位同时进行并由小组长带领。这样既可以营造各组之间互相比拼的课堂氛围,又可以培养学生之间的合作能力,还可以帮助学生快速掌握本节课学习的技能,促进学生之间产生深厚的友谊。竞赛活动上,教师可以积极开展体育课上的小比赛(篮球比赛、乒乓球比赛、足球比赛等)培养学生的拼搏精神并提升胜负观教育的效果,让学生爱上体育运动。在提高学生专业实践应用的同时加强爱国主义教育,以体育人,培养时代新人。

4. 完善体育课程思政教学评价

(1)教师应该注重教学评价对于学生、课堂的重要性。好的教学评价是教学工作有效开展的关键。人才培养效果是高校体育课程思政实施评价的首要标准。因此,科学有效的评价机制能够达到事半功倍的效果,能够在立德树人视域下对体育课程思政实施效果进行有效的评估与检测,进而实时调整教学策略达到深化课程思政改革的效果。

(2)建立健全教学评价环节。教师评价与学生评价相结合,学生自评与学生互评相结合。多视角进行评价才能充分发现问题、解决问题。对于教师而言,应该将良好品德作为衡量优秀教师的第一标准。例如,篮球课上,教师创新考核评价方式,结合篮球运动经典案例分析、情景设计、论述问答以及期末技术考核等多种方式对篮球课的思政教育目标达到的育人效果进行科学有效的考核,并将思政教育元素融入篮球课堂讨论、课后篮球技术练习中。篮球课程考核需要加上课程思政效果的量化测评,根据结果的反馈来监督教师的教学效果并分析思政教育达标情况。对于学生而言,合理的自评与互评可以检验学生的学习效果。例如,足球课上,教师主动对学生技术动作掌握情况进行评价。对技术动作掌握扎实的学生予以表扬和肯定,培养学生的自信心、激发学生参与体育运动的热情;对技术动作掌握有所欠缺的学生予以鼓励和支持,让学生不气馁并多加练习,争取牢固掌握。武术课上,学生对学习的太极拳招式是否熟练掌握以及学习太极拳过程中自身道德素养是否提升需要进行及时的自我评价,从学生视角真实感受教学效果以及思政融入的程度与力度。健美操课上,学生之间的互评可以帮助学生从他人视角了解到自身对于健美操动作的掌握程度,以及时改进与调整。同时学生互评也可以促进学生之间的互动交流,培养学生在学习健美操的同时养成坚持不懈、互帮互助的优秀品德,提升自身素养。

总之,要全方位做好教学评价,为不断优化体育课程体系、提高体育课程教学水平打下坚实的基础。

三、立德树人理念下高校体育课程思政的教学延伸

(一)完全人格的塑造

新时代教育的目的是解决"培养什么样的人"和"怎样培养人"的问题。蔡元培先生在 1917 年提出的完全人格的建立就回答了"培养什么样的人"这个问题,而课程思政的出现则解决了"怎样培养人"的问题。课程思政的本质是一种润物无声的教育,其目的不仅是实现立德树人,更是培养学生的完全人格。学生德智体美劳的全面发展是完全人格的一种诠释,体育作为一种育人方法,在培养学生完全人格方面有其独特的育人价值和作用,是人格教育的首选方式。完全人格理念下的体育课程思政不仅要落实立德树人之本,还要为学校体育培养全面发展的人才掌好舵,为中国特色社会主义事业培养合格、全面的建设者和接班人。

(二)五育并举的融入

完全人格理念下的体育课程思政必须坚持通过体育培养学生德智体美劳全面发展的育人主旨,在落实立德树人根本任务的前提下,创新育人方式,在融入五育并举的主旨中打破学校体育课程思政建设常规路径。一是坚持"以体育德",即将立德树人植入体育教育中,在品德建设中树立正确的价值取向,践行社会主义核心价值观。二是坚持"以体提智",即在改变学生"重文轻武"的观念上下功夫。三是坚持"以体促美",即在提升学生审美观上下功夫,体育技术动作展现出优雅的身姿、优美的动作,对学生审美观的提升和促进具有积极的作用。四是坚持"以体带劳",即在改变学生劳动观上下功夫,将劳动教育融入体育教育中,从而使学生树立尊重劳动、吃苦耐劳、坚韧不拔的劳动观念。

(三)完全人格理念下高校体育课程思政的意义

1. 立足新起点,优化高校体育课程思政教学

增强学生体质、掌握运动技能、传承体育文化一直以来被认为是高校体育教学的主要任务和目标。通过调整和优化教学目标、教学内容、教学方式等手

段,实现以立德树人为根本目标的体育课程思政教学是当前实现学生体育价值塑造的新方法和新起点。完全人格理念下高校公共体育课程思政正是立足于课程思政这一大环境和新起点,对体育教学中的教学目标、内容、方法、实施和评价等方面进行调整和优化,以塑造完全人格的理念优化体育课程思政教学,将树立完全人格这一价值观点贯穿于体育课程思政教学的全过程,从而帮助学生在大学阶段实现德智体美劳的全面发展,引导学生树立正确的世界观、人生观和价值观,为其人生成长和职业发展打下坚实基础。

2. 开启新征程,实现完全人格的育人教学

教学目标、教学内容、教学实施和教学评价是高校体育课程教学的主要构成,四者是一个有机统一的整体,以完全人格的理念优化体育课程思政育人教学是培养学生德智体美劳全面发展的关键所在。准确把握和推进高校体育课程思政育人教学在引领学生品德修养、思维发展、美的情操和劳动热情等方面的价值优势,培养拥有完全人格的社会主义事业接班人。在教学目标设定上,体现"五育融合"的观念,将通过体育教学塑造完全人格设为最终目标,实现德智体美劳全面发展的多元目标,打造以体育德、以体育智、以体育美、以体育劳的体育课程育人目标。在教学内容整合中,坚持技术、体能、战术和知识的"四管齐下",坚持融入性、挖掘性、适应性、超越性和持续性原则,将德智美劳四种素养,润物无声地贯穿于体育课程教学实施过程中,形成有效的育人过程。在教学评价开展中,寻求教育的本质和真谛,基于完全人格塑造的目标,实现其所反映的技能传授和价值引导,创设"四位一体"教学评价体系,彰显体育课程育人教学的多元性和完善性。

3. 实现新作为,开拓体育课程思政育人新路径

体育课程思政,并不是简单的"体育课程+思政课程",或是在原有体育课程内容的基础上简单增加些思政话语。[①] 体育课程思政应是体育课程与思政教育元素的有效融合、嵌入发展,将价值引领始终贯穿于体育课程教学全过程和各环节,从而实现知识与技能、过程与方法、情感态度与价值观的有效整合。完全人格理念下开展的体育课程思政,不仅围绕体育教育与思想教育同向同行这一主题,更开拓了体育课程思政育人的新路径,以"双育融合"(体育教育和思政

---

① 王秀阁. 关于"课程思政"的几个基本问题——基于体育"课程思政"的思考[J]. 天津体育学院学报,2019(3):188-190.

教育融合)为根基,以"三大要素"(建设两类教学资源、落实三大课程属性、实现四大育人目标)为过程,以"四步循环"(设定课程思政目标、整合课程思政内容、实施课程思政教学活动、改善课程思政评价标准)为内容,开拓"完全人格,首在体育"思想下的体育课程与思政课程"同向同行,协同育人"新路径。

(四)完全人格理念与五育并举要求下的高校体育课程思政

在完全人格理念和五育并举的要求下,高校体育课程思政的开展应建设理论、技能两类教学资源,落实文化性、教育性、健身性三大课程属性,实现德育、智育、美育和劳育四大育人目标并以此为体育课程思政建设的主旨。完全人格理念下高校体育课程思政育人实践路径的主要内容涵盖了探索与建设的四个方面,即体育课程思政育人开发与实施的四个方面,包括目标设定、内容整合、教学实施和反馈评价,即"四步循环"(图 4-4)。通过"四步循环"将完全人格建立过程中的思政教育元素融入体育课程中,探索高校体育课程与思政教育"同向同行,协同育人"的教学路径。

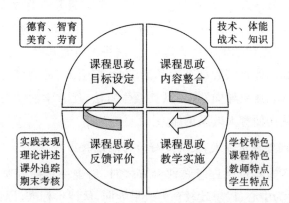

图 4-4　完全人格理念下高校体育课程思政育人四步循环要素

1. 细化和落实教学目标,树立共同的方向

明确落实完全人格理念下高校体育课程教学目标与思政教育目标同向同行。将完全人格理念下高校体育课程思政的四大育人目标落实到课程的两类教学资源(技能、理论)中。技能类教学重在技术动作学习过程中美育(形态之美、动作之美及欣赏体育之美的能力)、劳育(勤奋刻苦、坚持不懈和吃苦耐劳的能力)与美感教育及工匠精神的融合,理论类教学重在体育理论知识学习过程中所涉及的德育(规则素养、公德意识、合作精神和集体荣誉感)、智育

（战术运用、促进思维发展、培养创新能力）与体育精神及社会主义核心价值观的融合。

2.优化和整合教学活动，建立共同的载体

体育课作为一门通识课程，就其内容来说是一种基本知识、技能和态度的教育，具有广泛性、非专业性和非功利性等特点，其目标是人的全面发展。这与课程思政的目标立德树人不谋而合，都是从"以人为本"的角度来探索培养人的问题。因而，德智体美劳全面发展既是通识教育也是课程思政的应有之义。[①]体育课程的内容涉及技术、战术、体能和相关理论知识，这些内容中的思政教育元素（德智美劳）与思政课程中的教育内容高度契合，对学生完全人格的形成具有积极且有效的作用。通过对完全人格理念下的高校公共体育课程思政教学内容进行不断的整合、优化和细化，更好地建立与思政课程教育的共同载体。

3.改进和创新体育课程思政的教学实施

相较于思想政治理论课，课程思政是以一种更为无声的教育教学方法培养学生的思想态度、人格修养。因此，体育课程的思政教育也应在结合学校特色、课程特色、教师特点和学生特点的基础上，润物无声地开展。基于此，在完全人格理念下进行高校体育课程教育教学活动时，应引入"显隐结合、情境渗透、文化融入、任务导向、成果导向"等一系列教学方法，使教学活动在实施过程中更加明确、合理，从而使育人效果更佳。

4.转变和调整评价方式，使其更好地与思政教育"同标准"

在转变和实施体育课程思政评价方式时，为进一步提升实践路径的有效性，采取以学生为中心、以思政教育为成果导向，从评价标准、评价内容、评价主体、评价手段等方面实施基于完全人格塑造目标的体育教学学业评价的创新思路，创设"实践表现＋理论讲述＋课外追踪＋期末考核"四位一体的学业评价体系，将技能、理论、能力、价值塑造融入课程教学中。在此基础上将完全人格建立所需的德育、智育、美育、劳育同体育教学相结合，加强完全人格价值引领，更好地同当前思政教育实现"同标准"。

---

① 张威.通识教育：高校课程思政的有效促进[J].中国高等教育，2019(2)：36-38.

第四节　项群理论下体育课程思政建设的 实施路径研究

一、项群理论应用于体育课程思政建设的必要性与可行性分析

(一)项群理论应用于体育课程思政建设的必要性

项群理论也称为项群训练理论,是竞技体育领域的重要基础理论。它是在一般性的训练和运动项目专项能力训练之间找到契合,将一组具有相似竞技特征及训练要求的竞技项目称为一个项群,揭示项群竞技(训练)规律的理论称为项群训练理论[①]。可见,项群理论是以不同项目的本质属性所引起的项目之间的异同点为依据,将一组具有相似竞技特征及训练要求的运动项目放在一起进行比较研究,探求项目的共同特点和发展规律。

我国目前的体育教育理论是宏观＋微观的二元架构,即宏观上的一般体育教育理论和微观上的专项体育教学理论。宏观视角揭示了体育教育的普遍规律,微观视角则立足于某一具体的体育课程,解释了单项体育课程的个体差异及项目教学方法。在这种二元教育架构上,宏观层面强调了体育课程思政理论的完整性和全面性,束缚了理论探索的触角,使得体育课在具体的实践教学过程中开展课程思政不具有针对性,而微观视角虽为某一具体课程或教育主体提供了具体的操作方法,囿于个案教学的专业性及视野的狭窄性,其在教育实践中不具有跨课程的借鉴性。项群理论视角下进行体育课程思政建设,可以弥补二元结构理论体系指导实践教学的不足,为体育课程思政的有效开展提供新的学理支撑,更好地揭示同类体育项目之间的共性思政元素和不同体育项目组之间的德育属性差异,进而有效提高体育课程思政的科学性及可操作性,为实践教学提供指导。

在项群理论的启示下,由不同体育项目具有的思政教育元素所引起的项目之间的异同点,是划分项目类属的基本依据,将具有同一德育元素的体育项目归属到同一项群,各个项群不断甄别分化,最终使得具有同一思政元素的体育

---

① 田麦久. 项群训练理论的创立与发展 1983—2013[M]. 北京:北京体育大学出版社,2013.

课程得以"聚类"。在设计课程思政教学目标、教学任务、教学内容等模块时能依据项群思政元素特征进行构建,使得不同体育课在开展课程思政时更具有针对性。该理论介于一般教育理论和单项教育理论之间,以介于宏观和微观之间的视角探索同类项群和异类项群之间的课程思政教学规律,为体育课程思政建设提供科学的方法指导。

(二)项群理论应用于高校体育课程思政建设的可行性分析

1. 项群理论的分类方式为体育课程发掘德育元素提供指导

项群理论为不同竞技体育项目的科学训练提供了分类指导,将具有同一竞技特征的项目进行聚合分类,归纳出了快速力量性、速度性、耐力性、表现难美性、表现准确性、隔网对抗性、同场对抗性、格斗对抗性等类目的项群,并以项群为单位探讨其竞技特点,总结训练规律。项群理论在一个较高层次上揭示了同类项群的竞技运动规律,归纳出了同类运动项目的共同属性特征。运动训练学领域内的体育项目,几乎涵盖了所有体育教育学范畴内的体育项目,这也为将项群理论引入体育教育学领域提供了可能性。

项群理论的这种分类归纳思想为体育课程思政带来了良好的启示。体育课程思政就是要在体育课堂中依据不同运动项目特征,充分发掘德育元素,融入思想政治教育,使体育课程的教学更有温度,内容更富内涵。依据项群理论的分类指导思想,将具有相似德育元素的体育课程进行归纳总结,可以将体育课程思政德育元素项群大致分为:体现团队精神锻炼融入能力的团体项目课程群,弘扬民族传统精神的民族传统体育课程群,超越自我、坚韧不拔的耐力类课程群,不畏强敌、以刚制刚的竞技对抗项目课程群,勇于超越、善于创新的表现难美项目课程群,审时度势、辩证思维的智力项目课程群,等等。通过课程项群分类,可鲜明概括出同一课程群不同课程项目德育属性的共同规律。

2. 项群理论潜意识思维为体育课程思政教学提供方法指导

在体育教学中充分发掘思政教育元素,并运用一定的教学手段及方法,将提炼出的思政元素融入体育课程的思政教育活动过程,其根本目的是实现体育课堂中的思想政治教育功能。从哲学角度讲,实现体育课程思政教育目标的过程实质上是教育主体(教师)通过客体(体育课程)完善受教育主体(学生)人格的过程。体育教师是体育课程思政教学活动的实施者。如何在学校体育课程中制定课程思政教学目标并有效实施,取决于体育教师对体育教学活动本质规律的认识,而开展的效果及质量则取决于教师对教学技术与方法的运用。

在项群理论视角下,可以更加清晰地辨识出不同体育课程的特征,进而把握教学规律。当体育教师接受这种知识模块集合或项群"潜意识"后,就能够将这种意识根植于自己的专业思维之中,并广泛应用于体育实践活动中,项群"潜意识"提供的是一种方法学指导①,当运用这种方法学去审视体育课程思政的具体教学活动时,会获得全新的感知。以项群为基本单位去概括和归纳同类体育课程项目的教学规律,该理论超越了单门体育课的课程思政教学实践视野,在一个较高的层次上把握了几个甚至几十个具有同类德育元素的课程项群,同时比宏观层面的课程思政理论表现得更加深入、准确。项群理论所体现出来的这种方法学优势为体育课程思政提供了一种更为科学有效的方法指导。

3. 项群理论加强了体育课程思政理论与实践的联系

项群理论不仅是体育课程思政理论层面的概括,更为体育课程思政实践教学活动的开展提供价值遵循。在学校体育课程思政实践教学活动中,项群理论用科学分类的方式展现不同体育课程的特征及规律,为解析课程特征规律提供了方法指导。不同的课程项群可以根据自身所蕴含的思政元素比重开展相应的思政教育主题活动,同时为体育教师制定课程思政目标提供量化依据。

二、项群理论下体育课程项目归类及其思政要素

依据项群理论可以将体育项目分为体能类和技能类两大类,其中体能类包括快速力量性、速度性、耐力性三个项群,技能类包括表现难美性、表现准确性、隔网对抗性、同场对抗性、对抗性五个项群。基于项群理论,明确同项群高校体育课程教学的思政教学目标,归纳不同项群项目体育课程教学实践中的思政目标。体育各专项课程中都蕴含着丰富的体育精神、责任意识、合作意识、竞争意识、社会适应能力、规则意识和坚强、勇敢的意志品质等思政元素。不同项群分类项目情况及其蕴含的思政要素内容详见表4-2。

---

① 徐正旭,蔺新茂. 构建项群教学理论的必要性与可行性研究[J]. 北京体育大学学报,2015,38(1):100-105.

表 4-2　不同项群分类下项目情况及课程思政要素内容

项群分类		包括项目	思政要素
体能类	快速力量类	田径(跳跃、投掷)	培养学生自信、沉着、勇敢、果敢、勇于竞争、不怕失败的意志品质
	速度类	速度轮滑、短距离速度滑冰、短距离游泳	培养学生顽强拼搏、实事求是、果敢、勇于竞争的意志品质及吃苦耐劳的精神
	耐力类	中长跑、中长距离游泳、越野行走、龙舟	培养学生意志顽强、集体主义精神、团队协作等精神品质;终身体育意识、国防教育
技能类	表现准确类	射击、射箭、滑雪、越野	锻炼学生的适应能力、应变能力、意志力;克服恐惧感与心理紧张,调节心理状态以树立信心
	表现难美类	健美操、体育舞蹈、花样轮滑、武术、瑜伽	审美教育,培养学生专注、冷静客观,增强自我控制能力,提高自我反省能力;培养学生不退缩、不服输、积极进取、自省、自律
	隔网对抗类	乒乓球、羽毛球、网球、排球	礼仪教学促进学生良好文明习惯的养成;网球"信任制"比赛规则培养学生诚实守信的品质;女排精神培养学生不退缩、不服输、积极进取、集体主义精神及爱国主义精神
	同场对抗类	足球、篮球、橄榄球、棒球、冰球	蕴含着对抗适度教育,培养学生正确看待身体的对抗,同时以集体项目培养团队意识,强调团队协作;竞赛规则与赛事观赏礼仪教育
	对抗类	柔道、击剑、跆拳道、空手道、剑道	修炼学生气质、培养学生品质、磨炼学生意志,培养学生绅士风度;具有修身养性、防身自卫、社会适应、娱乐观赏、礼仪等多方面育人内容

三、项群理论下体育课程思政建设的理论框架

实践证明,项群理论被广泛运用在体育教学领域并科学有效地指导着其实践教学的发展。在项群理论启示下,将不同体育课程按照思政教育主题进行项

群分类,按照体育教育的逻辑勾勒出实现体育课程思政教学的三维步骤(图 4-5),分别为设计层面、实践层面和反馈层面。通过这样一个框架体系,体育课程思政工作就有了具体的实施路径,既把握了教师这一关键因素,发挥教师的积极性、主动性、创造性,又聚焦了学生这一主体,引导学生在体育课堂严谨对待,把体育立德树人的教育目标落到实处,切实实现体育教育的内涵式发展。

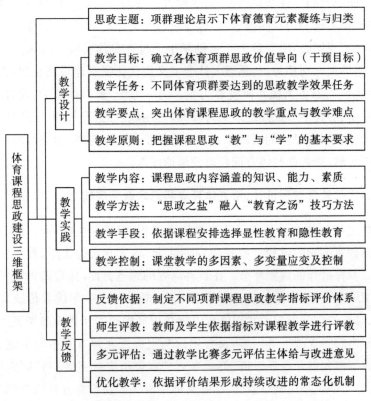

图 4-5 项群理论视角下体育课程思政建设的理论框架

四、项群理论下体育课程思政建设的路径分析

在对高校体育课程思政要素进行挖掘和对体育课程思政建设理论框架理解与分析的基础上,科学地规划高校体育课程思政的推进路径,有助于进一步提升立德树人的质量。

(一)以科学的理论体系指导体育课程思政教学实践

科学思维是应对风险与战胜困难的重要思想武器。运用历史思维与辩证思维,构建科学的理论体系,能够为高校体育课程思政提供行动指南。一方面,要回溯历史,借鉴党的思想政治教育史中的成功经验,明确高校体育课程思政的前进方向与旨归。在微观层面,需要致力于帮助学生获得修身立德的机会与渠道,借此提高他们的身体健康、心理健康程度与品行素养,从而促进个体的全面发展;在宏观层面,需要致力于帮助学生通过在身体实践中厚植爱国、勤劳、奋进、拼搏等理念与精神,自觉迈向社会主义现代化强国建设新征程,为建设祖国、复兴民族与服务人民贡献青春力量。另一方面,要以体育学、教育学、思想政治教育学、心理学等成熟的理论为参照,运用联系的、发展的、矛盾的眼光,不断在高校体育课程思政的实践推进中,发现与分析新的突出问题,研究与尝试新的解决策略,完善高校体育课程思政理论体系。

(二)优化教育过程设计,增进体育课程思政教学实效

教育过程是体育教师立足于高校体育课程,根据学生的特点,向学生施加思想政治教育影响的过程。教育内容的甄选、教育方式的使用、教育环境的营造是构成教育过程的重要环节。在教育内容的甄选方面,体育教师需要紧扣历史与现实两条主线,在高校体育课程思政中,既要融入中华优秀传统文化倡导的律己、修德的哲学思想和我国体育先驱在积贫积弱的年代为参加奥运会而付出艰辛努力的感人故事等内容,又要追踪与把握重大体育赛事的关键节点,及时解读我国体育健儿顽强拼搏、英勇夺冠、"取得历史性突破"与"刷新纪录"等要闻,帮助学生筑牢民族自豪感、增强集体荣誉感。在教育方式的选择方面,体育教师需要超越单一性的"说思政",统筹使用语言叙述、文本展示、榜样示范、朋辈激励、合作教学、学习共同体等离身式教育方式与角色扮演等具身式教育方式,将思想政治教育资源融入高校体育课程思政,促使学生将身体运动与思想活动相统一。在教育环境的营造方面,体育教师需要尊重高校体育课程的特点与学生审美诉求,通过对物理实体的陈设进行安排,借助多媒体技术开展情境创设,构建高校体育课程思政的教育环境和育人场景。

(三)加强体育教师队伍建设,提升教师能力素养

加强体育教师队伍建设,是推进高校体育课程思政过程中不可或缺的重要

工作。一方面,要加强体育教师队伍的政治素质建设,通过高校基层党组织,以专家讲座、专题研讨等渠道,促进新中国史、改革开放史、社会主义发展史以及习近平新时代中国特色社会主义思想学习的生活化、常态化、规范化,帮助体育教师筑牢政治意识,提高政治站位,将高校体育课程思政置于建设体育强国和为党育人、为国育才的高度来看,从而增强教师在推进高校体育课程时对学生进行思想政治教育的主动性、责任感与使命感。另一方面,要加强体育教师队伍的课程思政能力建设。一是要针对体育教师开展教师素养培训,以便使他们更好地掌握学生学情和了解主体诉求,制订个性化教育方案,增强育人的针对性与精准度;二是要依托高校制度建设,推动"大思政"格局的形成,鼓励与帮助体育教师内化思政课程的实施思路,提高他们在体育课程中挖掘与融入思想政治教育资源的敏锐度与能力、综合运用多种教育方法的能力、妥善营造教育环境的能力,从而确保学生在接受高校体育课程思政时,能够在适当方法的帮助下,在浓厚氛围的浸润中,实现身体与道德的双重良性塑造。

(四)完善评价机制建设,优化体育课程思政评价体系

完善的评价机制能够确保高校体育课程思政获得改进参照、明确改进要点、推进改进活动,从而实现课程思政提质增效。在评价标准制定方面,需要面向立德树人的目标,尊重高校体育课程的特殊性,统合高校领导、体育教师、其他专业教师与学生等群体的智慧与建议,就"理想类型"的高校体育课程思政达成共识,并将之转化为具有引导效力的政策文件。在评价指标构建方面,需要聚焦于全面具体展现高校体育课程思政实施情况的向度,重点关注高校为体育课程思政提供的政策支持、制度保障、后勤保障等,教师的师德师风、教育准备、教育状态等,学生的学习状态、行为表现等,以及教育内容、教育方式、教育环境、师生交流等。在评价主体选择方面,除重视高校领导、教师、学生等主体的评价以外,还需要引入能够直接观察到学生在接受高校体育课程思政前后行为表现变化的宿舍管理人员、实习单位工作人员、家长等主体。在评价方式使用方面,需要避免"唯分数论""唯结果论"等片面性倾向,注重借助大数据、人工智能、云计算、生物计算、情感计算等先进技术,结合使用定性评价、定量评价、诊断性评价、过程性评价、发展性评价等评价方式。

第五章　高校体育课程思政专项优化实践路径案例分析

第一节　高校田径课程思政开展的问题与实践路径

一、课程思政与田径课程的关系

课程思政与田径课程的关系主要表现在二者的契合性,具体包括两方面:

第一,课程思政育人理念与田径课程契合。课程思政要把所有非思想政治课程与思想政治理论进行融合,使各类课程与思政课程同向同行,要求教师充分挖掘潜藏在田径课程中的思政元素,从而潜移默化地对学生进行思想政治教育,达到"育体铸魂、德才兼备"的教学效果。全课程育人格局是课程思政的根本要求。课堂教学是学生学习的主渠道,田径课程要寓价值观引导于知识技能传授和能力培养的全过程,使学生在学习技术动作的同时接受思想教育的洗礼,让学生通过学习掌握事物发展规律,网罗天下知识文化,不断塑造品格,从而提高自身的道德水平,完成立德树人的根本任务。

第二,课程思政育人内容与田径运动精神契合。坚定学生理想信念,培养学生爱国主义精神,系统进行中国特色社会主义和中国梦教育、社会主义核心价值观教育、心理健康教育、中华优秀传统文化教育。树立远大理想和正确价值观是课程思政的主要内容,田径运动中所包含的以"为国争光、无私奉献、科学求实、遵纪守法、团结协作、顽强拼搏"为主要内容的中华体育精神,是中国田径运动经久不衰的重要法宝,是中华民族伟大复兴和实现中国梦的重要组成部分。

综上所述,田径课程思政是体育课程思政的重要组成部分,将课程思政融入田径课程,可以弥补田径课程往往重技术教学而忽视思政理论教学的不足。要做到田径和思政教育的充分融合,就必须完善学科课程思政内容的顶层设计,为田径课程思政的发展制订计划周密的"时刻表";同时要提高教师队伍思政能力建设,抓紧田径课堂教学这一"主渠道",贯彻落实好育人任务,使田径课程与思政课程同向同行,形成协同效应。

二、我国体育院校田径课程思政开展存在的问题

我国体育院校田径课程思政开展存在的问题主要是教学大纲、教学原则、教学方法以及教案等方面思政元素的融入和运用不足。

教学大纲方面,只在田径教学目标上明确涉及思政内容,在教学内容安排和时数分配上、教材内容中未明确体现思政教育元素,其原因包括:①育人理念侧重明显,存在重技术教学轻价值引领的情况;②学校教学计划未提及,各部门之间未形成育人合力且缺乏具体指导与监督;③部分教师存在思政意识不强的情况,要利用思政教育课程给田径课程增色,为培养人才提效,而不是把体育课上成德育课;④田径课程思政实践路径不够清晰,教师在实施过程中缺乏统一标准,导致执行力低下;⑤教材重技术理论轻价值观培养。

教学原则方面,要融入课程思政元素主要依靠教师对教材中思政内容的敏感度和重视程度,若教师缺乏思政嗅觉和意识,则无法在教学中发挥思政元素的作用。

教学方法方面,对思政内容的挖掘缺乏积极意愿、执行力低下,大多数田径教师没有经过系统的思政理论方面的培训,知识储备不足。缺乏对教师思政素养的考核。

考核与教学评估内容为技术＋理论,评估内容与观察点不足。

教案方面,田径教师的教案、讲稿是按照教学大纲、教学进度编写的。多数教师在讲稿和教案中对思政元素的体现存在不突出、不充分的问题,主要原因包括教师不重视,把田径课堂思政理解为简单的体育加思政课的叠加。田径教师在教学中融入课程思政内容总体不足,大多与技术课挂钩,缺少对学生的德育培养。这主要是由学校顶层设计不健全导致监管失位、教研室对教学进度的制定没有提出融入思政元素的要求、教师个人思政意识薄弱等因素造成的。

三、田径课程思政开展的优化与实践路径

(一)学校党委加强课程思政建设顶层设计

为了更好地推进田径课程思政建设,学校应健全顶层设计与统筹规划,结合田径专业学生身心特点、社会需要以及学校立德树人教育任务来制订田径专

修人才培养方案,用以指导教学计划,更新教学大纲,在制度层面保障课程思政建设。同时,应结合田径运动特点,充分挖掘田径运动精神,充实教学大纲的具体内容。

(1)在教学目标中应明确田径立德树人的育人理念,在知识传授中强调价值引领的作用。坚定学生理想信念,以爱党、爱国、爱社会主义、爱人民、爱集体为主线,围绕政治认同、家国情怀、文化素养、宪法法治意识、道德修养等重点优化课程思政内容供给,系统进行中国特色社会主义和中国梦教育、社会主义核心价值观教育、法治教育、劳动教育、心理健康教育、中华优秀传统文化教育。另外,教学目标的设置应强调高标准,要从应用、记忆的低标准认知转化为注重分析、评价与创造的高标准认知。通过参考各体育院校田径教学大纲及课程教学目标,将教学目标设置与毕业考核要求相结合。

(2)教材是教师实践课程思政理念的基础工具,教材能在一定程度上影响教学效果。对于体育院校来说,相同的课程应选用统一的教材,以利于教材的及时更替。同时,应使思政元素贯穿教材的每个章节,以便于教师梳理教学内容,选择恰当渗透点。注重对学生爱国主义和传统文化的教育,培养学生不畏强手、奋勇争先的信念,激发学生提升全民族身体素质的责任感。

(3)打造"金课"。体育院校应结合本校具体实际打造田径特点课、示范课。例如,以"我的奥运"为主题的全网主题活动:北京体育大学开展奥运思政课——弘扬时代女排精神,加快体育强国建设;上海体育学院开展奥运思政课——中国百年奥运奋进之路;等等。各体育院校也可结合本院校田径课程发展需要开展类似的课程思政主题活动,增加田径运动精神传承的多样性。

(二)设置田径课程思政元素融入标准

教学进度是教师每学期进行教学的依据。第一,教学进度是根据教学大纲的规定撰写的,因此学校要不断充实教学大纲的内容,为教学进度的编写提供指导。第二,高校要对田径教学进度的编写提出硬性要求,保证在教学进度中充分融入思政元素。第三,田径教研室定期开展思政理论培训、座谈会,提高教师思政能力。第四,出台相关奖励政策,对田径课程思政实践中表现优异的教师进行表彰。例如,教学内容为学习跨栏跑一般知识、学习摆动腿攻栏技术,课程思政育人目标为传递跨栏背后的精神内涵、体悟我国优秀跨栏跑运动员精神,教学方法为使用讲授法、直观法、讨论法以及多媒体授课,课程思政预期目标为提升对跨栏跑运动的兴趣、展现出敢于拼搏、勇于克服困难的精神品质,通过对本阶段学习后学生态度、身心的变化进行评估,反馈课程思政效果。

通过课程思政元素融入标准的设置,可以确定教学内容与育人目标之间的联系,如本阶段的课程希望给学生带来什么改变。这样既涵盖了学习重点,又突出了思政育人目标。课程思政的常态化还可以使教师形成独特的教学风格,避免教学组织形式的单一化。对每节田径课所达到的目标进行汇总,进行实时效果反馈,对学生心态、身心变化及行为表现可采用学生互评＋教师点评的形式进行评估。

(三)促进教学原则与课程思政相辅相成

教学原则是教师进行教学必须遵循的要求和规律。首先,教学原则应具备科学性。以马克思主义为指导,结合田径课程具体实际对学生进行思政教育,挖掘教材的思想性,帮助学生树立科学的"三观"。其次,教学原则应具备启发性。在田径课堂教学中,教师应对运动项目所蕴含的思政资源进行挖掘,激发学生学习主体性,引导学生积极思考与探究项目潜在特点,学会主动分析,树立求真意识和人文情怀。再次,教学原则应具备时代性。与时俱进,开拓创新,不断贴合教育实际与社会需要。最后,教学原则应具备系统性。循序渐进,给学生留有消化吸收知识的空间,并引导学生更深层次地去理解、把握问题的本质,把"健康第一""终身体育"的体育思想积极地传达给学生,使学生自己担负起传承体育文化的责任。

(四)使教学方法、手段与课程思政同向

教学方法与手段应与时俱进,不断创新。田径课程教学中,可以运用的教学方法较多,主要分为技术教学方法和理论教学方法。技术教学方法主要包括分解求整教学法、假想求真教学法、完整教学法、直观教学法、化难求易教学法、纠正错误教学法等。理论教学方法主要包括语言教学法、反馈教学法等。除此之外,还有很多训练方法,如比赛训练法、间歇训练法、游戏训练法等。以比赛训练法为例,这是通过近似模拟真实比赛场景,按照竞赛规则,以提高训练质量为目的的训练方法。在教学实践中,教师要讲求语言的艺术性,激发学生的比赛热情,制定比赛完成目标。在田径课中用比赛训练法可以教育学生奋勇争先、顽强拼搏、遵守规则、超越自我、积极乐观。

教师在教学中切勿照本宣科、生搬硬套,要重视教学方法的串联,重视价值引领,让学生主动了解理论课或技术课项目背后的应有之义。教学手段应注重激发学生的运动热情和学习的积极性,让学生感受田径的乐趣。教师要努力提高自身上限,提升对育人资源的鉴别能力和敏锐嗅觉。

(五)持续提高教师思政能力,完善讲稿和教案中的思政融入

讲稿和教案都是为教师课堂教学服务的,其中教师思政能力起着至关重要的作用。高校要提升教师思政素养和思政教学能力,多给教师提供"补课"机会;加强教师之间的沟通与交流,鼓励教师向各院校、各专业优秀教师学习,为田径讲稿与教案提供思路;教研室加强对教师讲稿与教案的审核,对讲稿和教案中未融入思政元素的教师进行批评和集中指导;对讲稿和教案融入思政内容做出具体要求,教师可根据自身教学特点弹性变动。

整个教学过程由浅入深,将课程思政贯穿整个田径课程的方方面面。教学中教师要注重发挥主导作用,积极对学生进行引导。以在田径课程挺身式跳远技术中融入课程思政元素的教学为例,通过科学设计教学内容,可以使课程思政理念贯穿课堂教学的始终,使学生了解与传承中华体育精神。具体操作如下:

(1)准备部分,当值体育委员集合整队报告人数,通过轮值制度使学生体悟班干部带头、爱岗敬业、主动奉献精神;通过师生问好、检查着装培养学生尊敬师长、遵守规矩的意识;通过集体热身,保持队形引导学生树立集体主义精神和纪律性。

(2)基本教学部分,教师进行示范讲解,引导学生集中注意力,找出关键点;学生在练习中相互交流、相互协调,增强集体主义意识;通过不断的练习培养学生时空感,教师对学生动作进行评价,对技术掌握较好的学生及时给予表扬,帮助学生树立自信,对违反上课纪律开小差的学生进行批评指正,树立课堂权威与规矩意识。在跨越障碍练习中,培养学生自我挑战、拼搏竞争的精神;在游戏教学中,培养学生遵守规则、团结协作、奋勇争先的精神;在比赛练习中,培养学生树立正确胜负观、不畏强手。

(3)结束部分,对本节课教学内容与教学任务进行回顾与总结,引导学生集中注意力;鼓励动作技术掌握程度高的学生进行示范,教育学生敢于挑战、积极进取;强调放松活动的重要性,帮助学生树立健康第一的理念;教师以身作则回收器材,教育学生维护场地重要性,培养学生无私奉献的精神、服务意识与自觉保护公共财产的精神;让学生谈心得体会既可以回顾学习重点,又可以培养学生独立思考的能力。

(六)促进思政内容融入田径教学内容

田径教学内容本身就具备政治导向、爱国主义、道德教育等中华体育精神内容。田径教学内容由理论教学、技术教学、技能教学三部分组成，通过将思政理念与教学内容各部分匹配，进行田径教学内容课程思政融入安排(表 5-1)。

表 5-1　田径教学内容的课程思政融入

教学内容		学习要求	课程思政教育内容
理论部分	田径运动教学	了解田径运动发展概况、田径教学改革的方向；掌握动作技能形成理论、田径运动教学存在条件，田径运动技术教学方法	爱国主义、务实精神
	田径运动训练	了解田径运动理论的发展与研究概况，了解田径运动训练特点、田径运动训练基本观点，熟练掌握田径运动训练计划、训练内容与基本方法	规则意识、积极进取、公平意识
	田径运动竞赛、裁判法	掌握田径运动竞赛组织与方法；了解田径裁判在田径竞赛赛前、赛中、赛后分工、职责和工作方法；具备组织运动会，担任裁判员及裁判员培训，场地建设、使用和管理等知识和能力，达到一级裁判员等级标准	竞争意识、人文精神、百折不挠、科学求实
技术部分	竞走	了解竞走与普通走区别，掌握竞走技术要领，掌握竞走比赛规则，了解竞走锻炼价值与方法	永不言弃的竞走精神、自强不息
	接力跑	掌握接力棒传递动作技术要领，掌握接力跑比赛规则	集体主义、团结协作
	背越式跳高	掌握背越式跳高技术，掌握背越式跳高步点丈量方法，背越式跳高各阶段相关的辅助练习探究、创新能力培养	永不放弃、刻苦训练、攀登高峰、锐意进取、创新精神
	掷标枪	了解弧线助跑优点，掌握起跳动作正确性的身体姿势的判断，掌握掷标枪技术，理解最后用力阶段动作过程，欣赏优秀运动员标枪动作	挑战自我、不屈不挠、勇敢顽强、"更高、更远"的奥林匹克精神、自强精神

（续表）

教学内容		学习要求	课程思政教育内容
技能部分	田径项目教学与竞赛执裁	较全面系统地掌握田径运动项目的基本理论；牢固地掌握田径各项基本技术，基本掌握田径各项目的教学、训练特点及教学；担任裁判员及裁判员培训，掌握场地建设、使用、维修、保养、管理等知识能力	欣赏美、精益求精、艰苦奋斗、爱岗敬业、遵守纪律、勤奋学习

（七）完善成绩考核和评估体系

完善成绩考核中对思政内容的评分要求，将学生思想品德修养的提高和创新能力的进步纳入考核内容；完善评估主体，让学生互评和学生自评成为评估的重要内容，使评估体系更加全面；完善评估方式，使问卷调查、行为观察和访谈法齐头并进、相辅相成；完善评价内容，在评估目标中积极融入思政元素。

学校应拓展教师了解课程思政的渠道，比如：①跨专业、跨校组建专家教研团，合力探讨通过田径课程开展思政教育、理想信念教育、道德品质教育的优化策略及方案；②定期开展课程思政成果研讨会或思政教育培训，加强教师间思政资源流通与交流；③让学生参与到课程思政建设中来，主动探求、传播课程思政的理念；④分学期对教师课程思政效果进行考核，包含学生评价、教师自评与教师互评，对课程思政成绩突出、效果显著的教师进行表彰等。

第二节　健美操教学中课程思政的优化路径

一、健美操教学与课程思政理念的契合性分析

健美操是集音乐、舞蹈、操化动作为一体，以健身、表演为目的的运动项目，在学生塑形、练体、健心方面起着重要的作用。其对场地和器材的限制较小，因此，深受广大学生的青睐。而健美操在培养学生团结、创新以及舞动精神方面具有非凡的意义，蕴含着丰富的思政元素。在课程思政背景下，健美操教学要充分把握好这一时机，挖掘健美操运动中的舞动文化资源和思政内涵，使其转化为在学校教育中弘扬民族和爱国精神，培养学生优秀道德品质的重要途径。

在健美操教学中落实课程思政理念的契合性体现在四个方面。

(一)健美操教学主体与课程思政育人主体相契合

健美操运动在思想政治教育方面发挥着重要的作用。在对健美操技能和健美操文化的传承中,内外兼修、道德品质的高低是对健美操舞者的重要考察和衡量标准,具体表现在舞动与爱国、修身、立志及品德的发展。因此,学生在学习健美操专业知识和技能的同时,也要注重自身道德品质的发展,养成吃苦耐劳、团结协作、创新拼搏的良好意志品质,促进身体和心理的协调健康发展,担负起传统文化、核心价值观以及操舞文化传播的重任,使自己真正成为一名合格的健美操习得者,具备健美操舞魂[①]。

(二)健美操教学理念与课程思政育人理念相契合

健美操教学理念体现课程思政育人理念的精髓。高校健美操教育教学的根本目的是在培养学生学会专业知识和技能的同时,将健美操项目的团结、创新、舞动、审美等价值,融入学生的身体力行当中,使学生成为一名合格的舞者。其作为健美操教育的灵魂和核心,在课程思政背景下与立德树人的教育根本任务具有高度的相似性。而众多健美操习练者无不将团结合作、开拓创新、无私奉献、责任使命感、集体主义作为舞者的核心信仰。同时,健美操中的德艺双馨、内外兼修、中国风等精神和内容正是弘扬社会主义核心价值和传播中华优秀传统文化的重要载体和途径。因此,学生在健美操学习过程中,要使自己的精神、思想、理论和实际行动主动接受健美操舞魂的洗礼,感悟健美操运动的丰富内涵。从而通过健美操学习达成与课程思政所传达的育人理念相同的目的,最终实现使用正确的"三观"指导日常工作、生活、学习等方面,达到价值引领、能力提高、知识传授三者的有机统一。

(三)健美操教学功能与课程思政育人功能相契合

健美操教学功能符合课程思政育人功能的要求。健美操教育教学,不仅可以培养学生的专业技能和知识,而且具有独一无二的育人功能。

1. 育体是健美操运动的基础功能

增强体质是体育运动最基本的功能。任何时候健康都是第一位的,它是学

---

① 温宇蓉. 高校健美操课蕴含的美育和德育价值研究[J]. 山西能源学院学报,2020(3):53-55.

习、生活、工作所必需的。任何运动项目都会以自己独特的运动方式促进身体的健康发展，健美操运动也不例外。健美操运动不仅可以使学生身心全面发展，以充沛的体力和精力面对学习生活工作上的挑战，而且能使学生调节身心、保持信心，以勇敢的态度面对困难与突发事件。另外，健美操运动与音乐的结合需要充分调动身体各个组织器官参与其中来完成动作，不仅可以培养学生的协调性、反应能力，而且对心血管系统有着积极的正向作用。因此，在新时代下要积极呼吁学生参与到体育运动和健美操运动中来，养成良好的体育锻炼习惯，达到塑形、健体、炼心三者的有机统一。

2. 育德是健美操运动的灵魂功能

健美操步伐种类多，动作变化快，加上动感激情的音乐，使得每个动作都充满活力和激情，而个体在健美操自我运动和锻炼中，充分放松，宣泄情绪，从而产生乐观、火热的情感，进而明确人生的前进方向，体验生活和人生的乐趣，消除负面情绪、人生观、价值观的产生，达到"以德治体，以体育德"的目的。而且健美操运动能够促进学生之间的交流，强化学生的合作和集体主义意识，使学生形成良好的人际关系网。此外，健美操中还有一些难度动作需要学生协同合作才能完成，使得学生在练习和训练过程中互相帮助、团结合作克服困难，逐渐形成共同合作进步的深厚情感。因此，健美操运动可以很好地通过实践对学生进行德育和思政教育。

3. 育美是健美操运动的关键功能

健美操教学包括对成套动作、难度动作的学习，以及在音乐、色彩、身体动作相结合的韵律节奏中，通过合理的编排将动作技术与优美的舞姿结合起来，以体现出高超的技巧、健美的体形、柔美的姿态，从而将时代的艺术美与体育美融入健美操课程。健美操是绘画艺术，动作的直观性和表现性很强；是舞蹈艺术，是人体运动的凝练和精华；是音乐艺术，借助声音来塑造舞蹈动作和形象；是运动艺术，最大限度地克服心理身体障碍，挑战身体的潜能与极限。因此，学生在学习健美操时，不能只关注技能的吸收和汲取，应该在潜移默化中激发学生美的情感，陶冶美的情操，提升审美能力，树立正确的审美观。

4. 育智是健美操运动的拓展功能

随着信息量的爆炸式增长和知识的急速更新，当今社会对大学生的知识储备和智力要求越来越高。智力的提高对个体将来和社会的进步所起到的作用越来越重要,而个体智力的发展与大脑和中枢神经的发育密不可分,神经系统发育的好与坏直接关乎智力的水平。而健美操运动的核心在于需要身体各个部位的协调配合,并不断发生变化。因此,健美操的学习和练习始终伴随着各种新奇和刺激,并对中枢神经系统产生相应的"挑战",这有利于改善大脑皮层的血流供应,提高其功能和灵活性,培养人的灵敏素质,强化人的记忆力和表现力。而健美操动作的创编、音乐的选择和队形的变换又对学生的创造力和想象力的发展起到了至关重要的作用。学生又根据自身的需要,将自己的想法注入健美操动作中,使之具有灵魂,发挥出健美操运动最大的价值。正是这种双向的促进,促进了健美操运动的发展,也促进了学生个体智力的创造与发展。

总之,健美操教育教学功能是符合课程思政的育人功能的要求的。在高校健美操教学中开展课程思政,不仅起到了提高学生专业技能知识的作用,而且对学生的综合发展也起到了至关重要的作用。健美操教师更应该加强健美操运动与课程思政的融合,深度挖掘健美操课程思政的内容与内涵,使之丰富的育人功能得以充分发挥。

(四)健美操教学内容蕴含课程思政育人内容的内涵

健美操运动中包含了丰富的文化和思政内容,在对学生进行理想信念教育和精神铸魂方面发挥着重要的作用。所以,要在健美操这门学科中融入思政元素,在改革教学的同时,提高对学生综合素质培养的重视程度。

首先,健美操运动中的难度动作和成套动作要求学生克服困难,坚持不懈地呈现出完美的成套动作,以求达到最完美的艺术追求,这在学生精神品质的培养方面发挥了重要的作用。而健美操创编,则需要每个学生通过已有知识,对音乐和动作的选编、队形的变换以及服装的搭配等充分考量,发挥想象,以展现出合理的舞台表演和技术衔接,这对学生创新和团结精神的培养发挥着重要的作用。而健美操最重要的一方面则在于音乐与身体动作的完美与协调配合,这不仅仅构成了一幅幅丰富多彩、刚健、优美、和谐的动态画面,给人以美的享受,而且对表演者自身的感知、想象、情感、理解等审美活动有着重要的促进作用。其次,健美操是一项充满美的活动,学生在运动中可以尝试美的体验,塑造美的身体,并且培养自身感受美和欣赏美的能力,这就使得学生在学习专业技能和知识的同时,既能提高创造能力、丰富精神世界,锻炼和培养意志品质,又能涵养精神意志,增强审美观念,坚定理想信念。健美操运动让学生既有较高的技能和艺术修养,又有坚定的信念和高尚的人文素养,不忘初心,成为全面发展的时代新人。

总而言之,高校健美操教育与教学的价值,不应也不能仅仅局限于知识与技能的教授上,更重要的是使学生获得思想精神层面的升华。而教师要做的就是将健美操的"美"与思想上的升华相结合,增强学生伦理道德文化,帮助学生形成正确的"三观",促进学生身心和谐发展,使学生今后无论是在学习上还是在社会上都能始终坚持初心,心中有戒。无论环境和时代如何变迁,健美操运动的教育教学内容与课程思政的育人内容的内涵是不会改变的。所以,要加强二者之间的融合,真正发挥课程思政在健美操教学中的作用,使学生真正受益匪浅。

二、健美操教学中落实课程思政理念存在的问题及原因

(一)健美操教学中落实课程思政理念存在的问题

1. 教学大纲中课程思政定位不明确、教案中思政理念贯彻不彻底

不同专业的教学大纲对于健美操教学的规定大同小异,在内容和评价等方面并没有体现出课程思政的融入,在教学大纲实施要求部分只有一笔带过的论述指出要加强学生的思想教育。这表明学校对于健美操教学大纲的总体要求和思政定位不明确,进而造成教师对于思政育人理念范围的理解存在局限性以及执行力不够的问题。

健美操教师在教案中融入课程思政存在不彻底、不全面的现象。健美操教师在教案中突出课程思政的地方仅仅存在于教学目标层面,教案的教学内容、教学过程等方面思政的融入和体现还存在漏洞,忽视了健美操教案中细微细节之处的思政育人价值和精神价值的挖掘与融入。教师在教案中融入思政元素的意识和行动力还可以进一步提高。

2. 教材中课程思政元素欠缺、师生课程思政意识欠缺

健美操教材的内容针对性不强,无论是何版本的健美操教材,几乎是千篇一律的。在章节内容和目录的选择上,基本上都是从健美操概述开始,接着就是健美操基本动作和成套动作等基本知识,最后再加上科学的锻炼方法和竞赛裁判法。虽然会有一些培养学生精神品质,提高学生素养的描述,但是教材缺乏主动性和灵活性。同时,教材没有明确构建思政育人的内容,教材各部分思

政元素挖掘和体现不充分,教材多是静态、定论式和程序式的,没有体现与时俱进的思政元素的融入和时代性。

现在健美操教学中已经有思政的身影,但是并没有将课程思政真正系统化和具体化地融到健美操教学中,健美操课程思政的融入缺乏体系化。而且健美操教师的思政融入和挖掘意识、思政育人意识欠缺,课程思政重视程度不够等,健美操教师思政意识还有待进一步提高。而且,学生对于课程思政了解欠缺,在课堂学习过程中,部分学生思想意识、精神动力欠缺,存在健美操学习的内生动力欠缺问题。而课程思政的最终建设成效体现在学生,这就要求健美操教学将内生动力和外在动力相结合,真正发挥课程思政与健美操专业课融合所带来的育人价值。

3. 各个教学要素中课程思政融入缺乏具体化

健美操教师对于健美操教学各个要素的思政挖掘和融入存在片面和欠缺等问题。在健美操教学内容中,课程思政育人内容的挖掘和融入不全面,并且健美操理论课教学思政内容缺乏,教师重视程度不足;在健美操教学方法中,多数教师在健美操理论和实践课思政教学方法和教学组织形式的选择上仍然按照传统方式方法,过于单一,缺乏创新;在教学过程中思政的融入存在头重脚轻的情况,忽视结束部分的思政育人价值,并且教学过程思政的融入不全面、不彻底;在教学环境的构建上,多数教师并没有有意识到思政教学环境营造的重要性,忽视物质环境的营造;在教学评价中,过于重视学生的技术和理论素养,对于学生的思想品德、精神以及思政模块的评价存在缺失,教学评价的方式单一,仍然以传统的教师评价为主,学生互评和学生自评欠缺,考核成绩比例分配不均,存在重视技能轻视品德的倾向。这就要求健美操教师在重视技术技能和理论知识传授的同时,加强立德树人价值的统领和引领作用,将课程思政的理念融入健美操教学各个要素之中,使之具体化和系统化到健美操教学的各个方面。

(二)健美操教学中落实课程思政理念存在问题的原因

1. 思政素养和思政专业知识欠缺

由于长期从事健美操方面的教育教学工作,许多健美操教师自身的健美操专业知识与技能并无问题,但是由于思想政治教育不属于健美操教师的专业领域,健美操教师缺乏思政教育的经验、方式方法以及对于课程思政内容和要素的把握和定位,造成课程思政与健美操专业课程的融合存在断档,以及对于课程思政与健美操课融合的不重视。因此,要对健美操教师进行长期的思政培训和教育,将好的方法、健美操思政经验、专业课思政经验传授给健美操教师,并内化到教师的认知结构中,提高教师的思政素养。

2.课程思政建设力度缺乏持久性

在新时代,全面推进课程思政建设对学校教育教学具有重要意义。但是,学校的课程思政建设缺乏长效机制,存在比较严重的表面化现象,没有深挖思政与健美操专业课教育教学的相通之处,缺乏对于课程思政内容、方式方法、体系的具体研究和明确定位,如同"一阵风"。课程思政的推进工作存在进程缓慢、效果差强人意的问题。这就需要学校组建思政领导小组,构建特色的思政课程体系,将课程思政落实到教学、教材、课程等各个方面,促进各单位协同执行,形成合力育人的局面。

3.重视专业素养培育、轻视人格修养培育

长期以来,一些教师总是强调技能技术对学生的重要性,一味地追求和强调为经济社会培养劳动力,使得"经济人、工具人和职业人"在教育视野下显得格外耀眼,忽视了学生人格、品德修养。在对外开放和市场经济的基本国情下,拜金、功利和消费主义以及西化影响等负面因素不断冲击着学生的思想和意识,加之一些教师只重视技能技术以及理论知识,忽视思想道德的培养,使得一些学生的发展受到影响,出现了"高分低德"的问题,这就强调要认识课程思政的重要性和本质内容,以立德树人为根基,强调课程思政是方法而不是"加法",使得学生的思想品质和人格修养得到全方位的发展和提升。

三、健美操教学中课程思政建设的优化路径

(一)加强健美操教学大纲、教案、教材中思政理念的融入

健美操作为高等体育院校专业课程中的重要组成部分,一定要紧跟时代潮流,充分挖掘课程思政价值元素,加强健美操教学大纲思政建设,走在思政建设的最前沿。具体可以从以下三点着手:一是明确健美操教学大纲中的课程思政融入点,并且教学任务的安排要充分体现课程思政元素;二是增加健美操教学大纲中教学内容、教学目标、学时分配等方面的思政元素融入,在健美操学时与教学内容的安排过程中,要给予课程思政一定的位置与空间;三是考核方案中

要体现并加入课程思政评价体系,规范健美操教学大纲的思政实施要求与措施,将课程思政理念融入教学大纲的每一个环节,发挥健美操教学大纲的指导作用。

　　健美操教案是健美操教师授课的依据。健美操教师要想上好一堂课,教案的编写以及贯彻实施发挥着重要的作用。完善教案的课程思政理念的融入,可以为教师在健美操教学中贯穿思政育人打下坚实的基础。教师在日常撰写教案时要从教学任务、教学方法、教学内容、课后小结、教学环境等方面设计并融入课程思政元素,构建教案的课程思政理念全面融入,发挥教案的指导作用。健美操教师要打破传统的健美操教学思想与理念,走出传统教案设计的舒适区,提高对健美操教案思政融入的设计和重视程度,加强健美操思政教案的建设力度,从而提高健美操教学的质量。并且健美操教师要相互之间加强经验交流,与其他专业课教师主动沟通,给健美操教案的思政融入设计提供创新思路。健美操教师还可以借助网络等渠道学习其他专业课的优秀思政教案,总结经验,不断提高自身的思政健美操教案的设计能力,从而最大限度地发挥健美操课的育人价值。

　　要完善健美操教材的选用机制,重视健美操教材建设,把教材建设作为课程思政建设的重要一环,要加强管理健美操教材从编写到使用的各个环节,将健美操教材的开发与创新纳入教学成果,并结合课程思政的要求,将健美操自编教材、与健美操教材相配合的教材辅助资料以及新形态网络教材等纳入教材管理,从而促进健美操教材与思政元素的融合,发挥课程思政的育人价值。目前健美操教材内容主要以运动专项的内容为框架编制,教材内容与课程思政结合不紧密、不充分。因此,一方面,要充分挖掘健美操教材的思政元素,结合课程思政编写教材,让关乎道德和历史的故事与知识融入教材中,还要将课程思政教育的知识与成果整合与扩充到健美操教材内容中,从而从根本上涵养学生的精神世界。另一方面,教材中的第一章或者第一节要融入健美操思政总述,每一个单元或者每一个小节要加入“思政育人”模块,加强课程思政在健美操教材中所占的比例,提高对健美操教材思政建设的重视程度,发挥教材的指导作用。

(二)提升健美操教学中学生的思政意识和兴趣

　　课程思政的建设成效取决于学生,学生作为教育教学的主体,在思政育人环节和过程中发挥着重要的作用。教师在日常的教学中要多从学生的角度去思考健美操课程思政的特点、优点,以及与其他专业课程的不同,根据健美操课程的艺术、舞动、审美、育人等特点,以及学生的实际需求和时代特征,赋予健美操教学更加细化、深刻、丰富,满足学生的精神诉求,提高学生的思政意识和兴趣,使学生真正在健美操学习中明确自身的人生规划和理想信念,加强自身坚持不懈、克服困难的能力,培养自己的团结合作精神、集体主义精神、爱国主义精神,肩负起祖国复兴的时代大任。学生要主动接受优秀思政精神与知识的涵养,主动思考自己今后的职业规划和理想,努力积极地完成健美操课堂中教师布置的任务,提高自身能力,为今后的社区健身指导、体育事业的发展尽自己的一份力量。

(三)健美操课程思政教学目标的优化

健美操的教学目标是指在培养学生兴趣的同时,提高学生身体姿态的协调性和柔韧性;通过创编表演的形式能够展现力与美并存的表现力,以此来提升学生的自信心与审美观,体现学生的艺术素养与良好的个性品质,从而充分发挥思政教育在健美操教学中独特的意义。根据高校课程标准要求,要想让课程思政理念在健美操教学中的实现,首先要明确教学目标,它应与健美操课程的知识和技能培养特点联系,有效结合专业素养需求,促进健美操教学的优化发展。

1. 知识目标注重专业知识与德育知识相结合

健美操课程的教学是为体育教育目标服务的。首先要把教育目标作为第一层次的目标,把课程的思想政治目标纳入教育目标,使学生重视专业技能学习,形成体育锻炼的习惯;其次将体育目标与德育目标有机结合起来,使之不仅"养生",而且"融魂"。在知识目标方面,要把理论知识作为重点内容,让学生在学习基本知识的同时,认识在健美操运动中所出现的德育资源和体育精神,改变目前高校健美操教学中"重技术教学,轻理论学习"的状况,使健美操丰富的文化内涵和思想政治元素在知识目标中得到充分体现。

2. 技能目标注重专业技术的学习

在技能目标方面,要着重培养学生的运动技能与实践创新能力。对于每一位优秀的教师来说,实践教学能力都是必不可少的,是提高教育质量的关键。因此,应将健美操能力目标设定为:能运用肢体语言、动作以及健美操基础知识表达音乐;能运用动作的表演能力进行体育竞赛;提高学生的柔韧性、协调性和核心力量;对相关动作进行多次练习以掌握,帮助学生形成良好的健美操记忆,不断提高学生的健美操水平,使学生形成较强的健美操能力。健美操技能练习是一个需要磨炼人的意志的过程,平时在课堂或课下练习过程中,学生需要反复练习、克服每一个动作带来的阻碍,由刚开始的简单动作到复杂的难度动作,需要反复练习以掌握技术动作要点,这个过程会促使学生承受身体素质的压力和心理抗拒的压力。要让学生真正从亲身体验体会到任何时候都需要不断地去学习,去提升自己,战胜一切挫折,增强自己的自信心,从而提高学生的意志品质。因此,德育目标的加入能够促进学生的全面发展。

3. 情感育人目标注重培养思政价值与专业协同发展

在健美操教学中,首先,教学目标是教育学生热爱体育运动,学习努力拼搏的体育精神,使学生具备强烈的社会责任感;培养学生学以致用、不断创新的意识和能力。比如,在健美操教学中,要在传授健美操基本理论知识的过程中,使学生加深对健美操的了解,体会感悟健美操运动的价值所在;要让学生在学习中感受健美操独特的育人、育体功能。通过健美操课程,激发学生拥有更高的文化自信和体育精神、人文素养和艺术素养,树立正确的道德观念、人生观和审美价值观念。健美操具有团队向心力和趋同性一致的独特性,参与者需要相互配合,各司其职,才能够充分发挥合力,展示力量与美的完美结合。特别是健美操的3人或者5人以上的团体性体育项目,不单单是凭借一个人就能够独立完成的,最主要是要合作、配合默契,需要大家共同努力,反复进行排练,才能取得好的成绩。因此,团体性的运动项目能够培养学生的团结意识和合作精神。健美操是比较独特的项目,艺术感比较强,学生对于音乐的旋律和节拍要非常熟悉,无形中体现出表演的魅力,其外在形象与内在人格共存。不管是个人比赛还是团队比赛时,参加表演的学生内心都具有一种竞争意识。因此,通过健美操团体教学可以培养学生的规则意识,因此,增加思政育人的教学目标使得教学效果更完美。

综上所述,对健美操教学目标进行课程思政优化,进行部分教学目标设置,见表5-2。

表 5-2　健美操课程思政部分教学目标设置

教学内容	具体内容	知识目标	技能目标	课程思政目标
健美操概述	健美操基本理论与发展史	学习健美操发展史,观看中国健美操队伍参赛夺冠视频	室内教学	树立以爱国主义为核心的体育拼搏精神、理想信念,中华优秀体育文化教育
健美操基础动作学习	基本步伐、成套组合动作	掌握基本步伐名称及动作要领	熟练掌握基本步伐,单个动作完度达到 80%;伴随音乐串联组合动作并熟练完成	互帮互学,坚持不懈,顽强拼搏,自主学习,抗压能力
健美操创编实践	音乐的选配与剪辑、动作的选择与创编	学习创编原则与要求,学会选取音乐;创新不同风格的动作	熟悉音乐的节拍,团队配合完成创编套路,展示不同的创编风格	审美观、主动意识、创新实践能力、参与意识、良好的个性品质、团队向心力和趋同性一致(团队精神)
健美操拓展课	健美操竞赛与裁判、器械健美操、时尚健美操	了解竞赛规则;了解更多时尚元素,专业技能多元化发展	学会赛场记录、打分;大胆尝试不同风格的舞种,提高协调性与技能	规则意识、顽强意识、坚持不懈的意志力、表现力
健美操复习课	复习所学套路	互相帮助练习,取长补短	以强带弱,复习熟练所学内容;及时纠错改正	能够传递体育精神,培养交流能力;帮助他人进步;团结友爱的社会主义核心价值
考核	考核专业技能、考核理论知识、考核思政教育	通过考核,找到自身的问题与差距;明确认真努力付出,就会有回报	掌握理论知识,自主完成技能	培养学生端正的态度,是否改善心理状态、是否表现意志品质、是否提升审美价值观

(四)健美操课程思政教学内容的优化

1. 健美操教学内容蕴含思政元素

(1)理论教学内容的选择要结合专业学科的特点,从健美操发展历程及趋势出发,挖掘蕴涵思政内容的教学素材,提高学生学习的兴趣。学生在学习知识的同时不断提升自身的文化素养;向着自己制定的目标努力进步;学会树立远大的目标、理想和信念。

(2)专业理论基础课程教学内容的设计要立足于专业本身。在健美操教学中可以进行多次理论课的教学,内容包括健美操竞赛规则、健美操的锻炼标准及健身知识、课堂纪律等一系列课堂常规。教师在开展以上理论课堂教学时,可将终身体育意识、职业道德标准、守时守约意识等思政理念灌输给学生。

(3)专业实践课要以健美操教学为例,团体健美操的练习中,要始终让学生感受到团队的重要性,培养学生良好的作息与学习习惯、规则意识与创新意识,选择与健美操技能培训契合的德育资源,将两者进行有效融合。

例如,带领学生对健美操中的音乐、动作、队形等进行编排时,可以培养学生的协作沟通能力和创新能力;在集体排练过程中,配合是比较重要的,大家的心要齐,队列队形的变化、身体姿态的一致性,都会影响整体的排练效果。此时,教师要让学生认识到团队意识的重要性。思政教学的开展促进了学生的集体主义意识,在这个学习过程中培养的自制力、判断力、勇气和毅力能够更好地应用于他们的学习和生活。如将民族舞蹈元素和中国风元素融入健美操运动中,可以通过学生传承文化,从而培养他们的人文素养和艺术气息。

2. 健美操教学素材体现思政内涵

健美操项目能够增强学生的抗压、抗挫能力以及团队意识、规则意识与审美意识。健美操中蕴含着"内外兼修"的美育品质。因此,健美操的教学内容应从学生需求、兴趣、身心发展等方面选择。学生的需求是教师选择教学内容时需要考虑的一个重要因素,要优先考虑到他们的兴趣,并确保理论知识和运动技能的有效传授。如果学生觉得可以学到他们认为重要的东西,他们也更有兴趣参与其中,投入学习。高校体育教材中富含思政元素的内容,将其渗透到健美操教学中,为其创造了良好的环境。所选教学内容要充分体现健美操课程的价值与意义,将重点内容和拓展延伸内容完美结合起来,突出健美操课程的特色;要促进学生掌握基础知识和提升技能的方法,帮助学生提高学习和实践能力。挖掘以健美操人物、重大赛事活动和体育精神为代表的思想元素,在教学内容中丰富这些元素,改变以往传统的僵化的教学内容,能够强化学生的规则意识和团队精神,培养学生正确的观念意识和社会责任感。

3. 根据学生的身心发展特点完善健美操教学内容

教师在教学实践中有意识地对学生学习兴趣进行强化,使这种动力在教学过程中始终保持。教师在教授基本健美操技能的同时,要根据学生的学习兴趣点和需求,选择相对应、相符合的教学内容。例如,利用时尚器械的操课,融入当下的时尚元素,有助于发挥学生的创造力。音乐不同,动作不同,达到育人的效果也不同,如学生能够在热情奔放的动作中愉悦身心,缓解压力,保持积极向上的心态。以美育情,让学生展示美、体验美、感受美。教育内容的不断更新避免了同质化,确保学生学到的知识和技能是先进的、多样的。合理地准确地将思想政治教育在无形之中渗透到健美操教学中,首先要挖掘含有思政元素的教材内容,体育教师在设计健美操课时,必须找到符合学生生理和心理特点的教材,以适应他们的需要。教材选取要有针对性,如相关章节的基础理论知识、技术动作的要领与练习方法、体育赛事等内容,学生可以通过学习这几部分来深化对知识的掌握,从而增强自己对体育教学的信心,提升学习积极性。

对于教学内容的选取要针对性地进行调整,根据学生的个性化差异进行选择。因此,在优化健美操教学内容时,要根据学生的身心发展特点,确定不同层次的教学内容,除传授学生健美操运动的基本知识外,还不断培养学生创新思维能力及创编能力,鼓励学生多方面提升自己。

(五)健美操课程思政教学方法的优化

教学方法是教学过程中重要的一部分,选择正确的符合教学内容的教学方法对教师来说是最大的帮助,有助于顺利推进教学步骤,达到预期教学效果。在健美操教学中进行思政教育可以采用榜样法、激励法、表扬法等这些传统的方法,但这些方法存在一定局限性。健美操教师可以采用新颖的如创设困难法、团队合作法、因势利导法、诱导启迪法、情景创设法、巧抓时机法等一系列行之有效又符合学生身心规律的方法。例如,在健美操有氧舞蹈中加入中国风和中国元素,然后运用因势利导、启发等方法植入中华优秀传统文化和中国特色社会主义核心价值观,强调和叮嘱学生在学习时要克服困难、团结协作,努力完成任务,使师生在课堂中无声无息地产生思想和情感上的共鸣,润物无声地对学生进行思政教育的熏陶。健美操教学方法的正确选择与使用,将会使教师的教和学生的学更加省力,并且会使健美操思政教学更加突出地体现其内在要求和精神内涵,更加有效地将思政教育融入健美操教学过程中,真正给学生以德之涵养、美之感受、智之提高、体之发展,提高学生的综合素质。

首先,在健美操课堂上,学生是课堂的重点,教师应寻求教学方法的创新和不断更新。例如,在学生都疲惫的状态下,选择自主学习方式,播放不同于教学内容的其他风格的舞种视频(如音乐曲风夸张的表演健美操、器械踏板操等),提高学生学习兴趣和学习动力,从而充分调动学生学习的积极性。思想政治独特的隐性育人方式运用在健美操教学中,可以起到互补性作用,通过多种方式来提升学生的个性心理素质,进一步促进学生的体育精神、思想意识。

其次,在教学过程中,要采取灵活多样的教学方法。教师可以适当使用翻转课堂,运用任务驱动、问题讨论、文化比较等方法来改变教学方式。教师可以通过讨论的方法,激发学生积极思考,表达自己的观点;也可以采用游戏法,在健美操教学中安排适当的游戏环节,增进学生的感情,营造良好的学习氛围,从而实现思政育人的功能。在教学方法的运用上,要考虑随教学内容的变换,与时俱进,不断更新教学方法,充分利用多媒体等现代媒体来提高课堂教学效果。体育教学方法应具有针对性、多样性和时代性。

最后,健美操教学方法的选择还应该结合时代特征。教师应结合各门课程的思政教学经典案例和网络优秀教育资源,根据学生的身心特点和发展需求,采用线上和线下的教学方式进行思政教育,为健美操课程思政教学方法和手段的创新提供新途径和新想法。教师要学会充分运用信息化资源,多维度多方面备课,拓宽学生的知识面。例如,在教学中可以借助网络媒体,用这种吸引眼球的方式进行教学,播放含有健美操素材的正能量视频,播放健美操锦标赛、全国大学生健美操比赛以及学校健美操比赛视频,带领学生感受健美操力与美结合的独特魅力,发挥榜样的激励作用,以此调动学生的学习动机,优化学生的价值观念;利用手机微信等进行课前课后沟通,分享心得体会等,从而使学习得以不限时间、不限地点地进行。

(六)健美操课程思政教学评价体系的优化

健美操教学评价中的考核内容与考核方式要充分融入课程思政元素,即将课程思政细化并融入技能考核、技术考核、理论考核、平时表现等考核的方方面面,构建科学合理的健美操评价与考核体系。而且考核要求要融入课程思政,考核成绩的评定方法与比例要在原有的基础上,给予课程思政一定的空间和位置,调整考试成绩在考核内容中所占的比例,丰富健美操教学考核评定方式方法,构建全过程、全方位的健美操课程思政评价体系。除了将思政融入教学评价,提高课堂满意度以外,还应建立健全师德评价实施的长效机制,严格落实师德一票否决制,完善对于健美操教师的评聘考核机制,将思政的评价融入健美操教师备课、教学以及日常辅导中,提高教师对于思政的重视程度,使教师从思想根源上杜绝低素质、低要求,给学生树立榜样,将"为人师表"的精神内涵内化为自身学识和修养,从多方面促进健美操课程思政教学评价体系的形成。

第三节　武术课程思政元素与实施路径分析

一、高校武术教育与课程思政的契合性分析

(一)育人理念的契合性

高校武术的教育理念就是在指导高校学生掌握武术技术技能的同时,发挥其独特的育人功能。高校武术教育是学校教育的重要组成部分,它除了指导学生掌握技术技能外,在育人教育方面也有重要作用,主要体现在武德、武礼、爱国主义精神、民族精神、和谐理念等思想内容和价值观的教育上。武德主要是指对从事武术学习的人所提出的行为准则和道德规范要求,其作为中华武术的灵魂和精髓,在课程思政理念下与立德树人有高度的统一性。传统武德中最突出的思想是维护国家独立和民族的统一,无数武术爱国志士为了国家和民族利益,不怕牺牲,勇往直前,这正是爱国主义精神的鲜明体现。武德提倡天人合一的和谐理念,众多习武之人将武德中的爱国修身、尊师重道、见义勇为、乐于助人等内容作为自己的习武信条。武德中的"德艺双馨、内外合一"等和谐价值观正是发扬优秀传统文化、构建社会主义和谐社会重要内容的生动体现。对高校学生进行武术礼仪、武德的教育,可以培养学生爱国主义精神,增强学生自我约束能力和社会责任意识,提高学生的自我修养,从而达到将显性的技术学习与隐性的思想熏陶有机结合的目的。

因此,学生在武术学习过程中,使自己在思想、精神、理论层面以及实际行动中主动接受武术文化的洗礼,进一步深入领悟武术文化的丰富内涵。通过武术学习,学生在道德品质和价值观念上受到的教育达到与课程思政育人理念相一致的目的,并通过自身将其内化于心,外化于行,同时将正确的人生观、价值观应用于指导日常的生活、工作、学习等各个方面,最终达到知识传授、价值引领、能力培养三者的有机统一。

(二)育人主体的契合性

在高校思想政治教育方面,高校武术教育扮演着重要角色。中华优秀传统文化是中华民族的精神命脉与根基,教师要让大学生了解中华民族丰富多彩的辉煌文化,感受民族精神的伟大力量,从而增强学生的民族自信心和自豪感,使学生主动承担起继承和弘扬优秀传统文化的责任。中华武术是在我国悠久的伦理道德文化的洗礼和孕育下逐渐发展起来的,在武术的发展过程中形成了对习武者尚武崇德的要求。习武先习德,在对武术技能的掌握和武术文化的传承中,道德品质的高低是对习武之人的重要考察条件。主要表现为习武与爱国、修身、立志及品德的统一发展。学生的武术学习过程不仅仅是对武术技术技能的掌握,也是对自我道德修养的提升和发展,使自己养成不怕吃苦、坚持不懈的顽强意志品质,促进身心共同发展,从而担负起传承优秀传统文化、弘扬民族精神的重任。

(三)育人内容的契合性

中华优秀传统文化不仅是历史上国家战胜困难的伟大精神瑰宝,更是未来实现中华民族伟大复兴中国梦的强大精神支撑。中华武术有着多姿多彩、内涵丰富的文化内容,武术文化是武术与中华优秀传统文化的完美结合,是中华文化的一个缩影。武术文化内容与课程思政育人内容相契合具体表现主要有以下几点:

(1)武术文化中蕴含着忠心报国、舍身为国的家国情怀。大学生是国家的高素质人才,爱国主义教育必然是国家重点关注的教育问题,也是德育工作的重要内容之一。习武之人,自古以来便有那么一股精气神,是武术的磨炼更是武术蕴含的精神造就坚强不屈的爱国情怀,这也是中国几经风雨却依旧保持强盛,即使是外敌环绕,依旧能够实现伟大复兴的精神力量支撑,中华武术的魅力也在这里表现得淋漓尽致。

(2)武术文化中蕴含着百折不挠、自强不息的伟大民族精神。武术中"冬练三九,夏练三伏""拳不离手,诀不离口""十年磨一剑"等谚语都是用来描述练武之人自强不息、坚韧不拔的意志品质的。习练武术经历的痛苦,使得练武之人,无论是内在的心态还是外在的技术掌握,都表现出一种自强不息、不屈不挠的精神品质。

(3)武术文化中蕴含着内涵丰富的伦理道德文化。我国传统文化的各领域都渗透了浓厚的伦理道德文化。从某种意义上讲,伦理道德文化是我国传统文化的核心,其内容主要包括仁爱孝悌、谦和好礼、重义轻利、真诚有信、勤俭廉政等。中华民族的传统美德和道德规范在加强个人修养方面发挥了重要作用,培养了无数的贤良志士,塑造了他们的理想人格。习武先习德,对于中华武术来说,传统伦理道德对习武者也提出了严格要求,形成了包括"仁、义、礼、信、勇"①在内的独具特色的武德文化。武术的一招一式都在映射着中国的文化,使习武之人练出了一颗颗赤子之心。

(4)武术文化中蕴含着"天人合一、和谐共生"的和谐理念②。我国传统文化讲究"天人合一"的和谐价值观,追求人与人、人与自然、人与社会的和谐统一。武术文化便是受这一思想的影响,出现了武术中所讲究的六合思想,即"内三合、外三合"。习武之人重视人际关系,讲究身心和谐,追求内练与外练的和谐统一。这种和谐不仅是技术上达到协调准确的规范要求,更是追求身心和谐,讲究内练与外练的和谐统一。习武之人都是将习武与个人修养紧密联系在一起,追求与他人、与社会的和谐统一。武术中所体现的"内外兼修",正是习武之人通过习练武术最终要达到的一种身心合一的理想境界。在高校武术教育中,这种和谐价值观念将有利于培养大学生树立团结互助、和睦和谐的社会价值观。

高校武术教育的价值并不仅限于技术技能的掌握,更为重要的是使学生获得思想文化层面的升华,使学生在不知不觉中接受武术文化中伟大民族精神、伦理道德文化及天人合一和谐思想的感染,帮助学生树立正确的价值观念,促进学生身心和谐发展,同时使中华优秀传统文化得到更好地继承和弘扬。高校武术教育中这些丰富的育人内容与课程思政不谋而合。无论环境的改变、时代的变迁,这些丰富的育人内容的内涵是不会改变的。所以说,课程思政与高校

① 侯歆,周小樱,闫民. 武术教学渗透武德教育的路径[J]. 武术研究,2019(6):76-78.
② 徐锋,徐俊. 中国传统武德文化的当代价值[J]. 体育文化导刊,2017(11):14-18.

武术教育两者的育人内容是相契合的。

(四)育人功能的契合性

在高校武术教学中开展课程思政教育不仅是向学生传授专业武术技能,更是对学生进行的德育、智育、体育、美育紧密结合的丰富功能体现。武术教师应深入挖掘武术在促进学生全面发展方面的丰富思政内容,使其丰富的育人功能得以充分发挥。武术教育与课程思政建设在育人功能方面的契合性主要体现在武德、武术健身、武术智慧等在课程思政方面的作用。

(1)武德是武术的灵魂和核心。武术作为中华传统文化的重要组成部分,在传授与切磋中讲究"以德服人",注重对练武之人武德的培养。为更好地规范习武者的道德行为,武术中专门规定了武德守则。主要包括:热爱人民、精忠报国,弘扬武术、以德为先,遵纪守法、伸张正义,团结友爱、谦虚谨慎,诚实守信、知行统一,仪表端庄、礼貌待人,维护公德、尊师爱生等内容,这些内容正是武术学习中以德育人的具体体现。在武术的技艺切磋中,习武之人并不追求什么胜之以武、胜者为王,而是讲究和谐相处,点到为止,武艺切磋前的抱拳礼正是以礼相待的外在具体表现形式。在当今时代,人们更加注重品德修养,重视思想政治教育对一个人未来发展的重要作用。因此,武德教育更应该借助课程思政教育的推动作用,将传统武德的传承同高校武术的发展紧密结合起来,努力实现武德与武术教学育人价值的内在联系。可见,在课程思政视域下突出武术的育德功能对培养学生优秀的道德品质具有重要指导意义。

(2)武术作为高校体育的重要组成部分,在提高学生身体素质、强健学生体魄方面发挥着重要作用。中华武术种类繁多,技巧变化多样,也为武术学习提供了较多的选择。学生经常习武可以起到内外兼修的功效。例如,散打是最为直接果断的武术学习内容之一,学生通过不断地训练,可以提高反应能力和爆发力,在最短的时间内,用最为有效的方式击倒对方;又如婉转柔和的太极拳,正是天人合一和谐理念的充分体现,太极拳动作的一招一式看似柔弱、缓慢,却注入了一种精神灵魂,要求习练者注意动作与呼吸的协调配合,经常练习对于心血管系统功能的提高具有积极作用;还有武术中的跌摔练习、擒拿与解脱练习、跳跃练习等内容更是要求习练者精力集中、全神贯注,充分调动全身各器官组织参与其中来完成动作学习,不仅仅增进身体健康,更是具有防身效果。因此,在新时代背景下应积极呼吁学生动起来加强体育锻炼,武术在提高青年一代身体素质方面发挥着重要作用。

（3）武术不仅仅是技术育人，更是智慧育人。在高校武术教学中，智育也是必不可少的，教师对学生的要求不仅是技术熟练、身体协调就够了，在进行武术技术教学的过程中，教师还应积极引导学生学习相关知识、认知事物、探寻真理、发展智力，只有这样，才能培养出技艺熟练、有勇有谋的武术人才。同时，武术与哲学（如太极阴阳理论）、武术与医学（如点穴法）、武术与艺术（如杂技、舞蹈）等丰富的文化内容存在着交叉融合，在武术技能的学习中融入一些与传统武术相关的元素，使学生在获得技能的同时，可以获得其他知识，从而开阔视野、拓宽知识面，为武术的学习注入新的活力。

此外，传统武术讲究形神兼备，追求外在的形美与内在的情感体验相结合。就拿"金鸡独立"来讲，真正的美的体现的是动作展现出来给人一种挺拔舒展的美感，又如"腾空飞脚"动作所展现的是一种外在动作的协调平衡美，并伴有手脚动作接触时的击响声音，外在的形态美与内在的气势一并呈现出来，给人一种"所向无敌"的美感享受。高校武术教学内容包括对套路动作、攻防动作、太极拳动作等的学习，通过对这些武术动作的学习，学生一招一式浑然天成，可以深入感受武术的独特韵味美。同时武术具有较高的欣赏价值，赛场上对手之间激烈的搏斗，武术选手武术套路及武术表演节目的展示，皆是冲击人的心灵、视觉的演艺，使人们得到愉悦、放松的美的感受与体验。

二、武术课程思政元素的挖掘

（一）武术规范行为陶冶情操

武术自古就有自己的行为规范准则，用来规范和约束武术人的行为。首先是礼节。武术中流传着"未曾习武先崇礼，未曾习武先习德"一说。武术礼仪分为抱拳礼、鞠躬礼、持械礼；根据场所不同又分为传统武礼、教学礼节、表演礼节、竞赛礼仪。[①] 对大学生来说，常用的就是教学礼节。当上课的时候，无论是教师还是学生，都要行抱拳礼以示问候，当进行表演或比赛的时候，活动开始行抱拳礼或鞠躬礼，活动结束要行鞠躬礼。武术礼节体现了习武者虚心请教、谦虚忍让、尊敬师友的道德品质。其次是身体姿态。现在很多大学生身体姿态出现很多不良形态，如驼背、弓腰、溜肩等，严重影响学生的外观、神态、气质。武

---

① 王雅芬. 高校武术礼仪教育与传统文化的融合研究[J]. 成才之路，2019(7)：6.

术的基本动作姿态中头正、挺胸、收腹、踏腰、沉肩等动作对于改善弯腰弓背等不良形态有明显作用。除此之外,武术的基本功和基本动作,如肩、腰、腿、平衡的练习,可以调整身体各部位肌肉、骨骼发育。良好的身体形态会促进心灵的变化,既可以让学生更加积极、乐观、向上,也可以提高学生欣赏美的能力,增强其美的意识。

(二)武术精神塑造人格、磨炼意志

我国大学生身体素质普遍下降,除了缺乏锻炼,更重要的原因是意志力薄弱。首先是自觉性。学生很容易受外界干扰和诱惑,易产生动摇。通过武德的学习,可以培养学生意志坚定、坚持真理、胜不骄、败不馁的意志品质。其次是果断性。学生在做决定时,往往会出现犹豫不决、优柔寡断、草率等现象。通过武德的学习,可以培养学生敢作敢为、果敢、明辨是非、勇敢无畏的品质。然后是坚持性。一些学生一遇到困难就坚持不下去,容易产生动摇,难以做到有始有终。通过武德的学习,可以培养学生顽强不屈、坚持不懈、百折不挠、刻苦耐劳的战斗意志。最后是自制力。学生有时容易产生冲动、感情用事、毫无约束的行为。通过武德的学习,可以培养学生严于律己、遵守纪律、虚心学习、摒弃杂念、保持稳定的良好心性和品德。由此可见,武术教学对于青少年有塑造与磨炼意志品质的重要作用。

(三)武术人物培养爱国情操

在中国近代社会发展中,面对外族入侵和民族救亡图存,众多杰出的武术人物也都为国家独立与自由贡献了自己的力量,他们的爱国情怀让我们感到钦佩。例如,霍元甲为了洗刷"东亚病夫"的耻辱,独自一人对战俄国大力士,并创办"中国精武体操会",力图从身体上实现中国的强国强种之根本大计。武术历史人物是宝贵的历史财富,是培养学生文化自信和民族崇拜的良好素材,蕴含着丰富的文化内涵和民族精神,对学生具有良好的激励作用。在武术教学的过程中,教师应积极对学生进行武术历史人物典故的讲解,让学生深入了解和感受武术人物的爱国情怀和生平事迹,这有助于激发学生强烈的爱国情怀和习武热情,是培养学生爱国主义的重点途径和有效方式。

(四)武术竞赛强化团队合作

团队合作是促进当今社会发展的重要元素,也是提高个人竞争力的重要手

段,武术竞赛不仅可以让学生增强个人身体素质、提高运动技能,还可以强化学生的团队合作能力。通过武术竞赛可以很好地增强学生的心理凝聚力,在个人与团队的思想碰撞中,深化学生的武术实践体验,为学生的团队合作能力打下良好的基础,在不知不觉的隐性教育过程中达成技能学习和团体合作意识构建的双重教学效果。在团队合作的竞赛学习过程中,学生的主观能动性得到了充分发挥,将个人融入整个团队中,掌握合作技巧,激发团队合作精神,感知团队成功的价值,享受团队合作的乐趣。总之,武术竞赛不仅有利于发挥每个学生的潜力,而且有利于培养学生的团队合作精神,培养学生的团队合作习惯,让个体与集体达到良好衔接,发挥出一加一大于二的作用。这样既能使学生切身感受到自己技能的提升,又开创了学生彼此之间相互学习的良好局面,使得学生对团队合作意识的价值有更深的领悟,让学生的团队合作意识得到强化。

(五)武术规则助力法治建设

中国儒家圣贤孟子曾说过:"不以规矩,不能成方圆"[①]。古代武术规则中就有如"少林十诫"这类的门规戒律和"禁狂斗"这样的箴言要求,而现代武术则制定了"武术竞赛规则与裁判法"。所以说,武术规则不仅是历史的,而且是现实的。武术规则作为从属于法律规则的下位规则,是法律规则在武术习练群体投射的特殊表现形式,有利于促进习武者认同法律规则价值、建立法治意识,进而推动整个武术领域的法治建设。武术教师要引领学生在武术学习的情境式体验活动中深化对武术规则的认知,培育学生重戒行忍的武术规则意识,从而起到对法治建设的滋养和支撑作用。有利于让硬性的法律规则软性落地,实现法律规则的入脑入心,进而达到从遵守武术规则到遵守社会法律的良好转变。通过武术规则体系的现代整合,明确武术规则的地位和作用,有助于在以大学生为代表的习武群体中树立法律信仰和法治理念,为习武群体营造遵戒守法的道德文化氛围,充分发挥武术规则的社会教化价值与法治优势。

三、武术课程思政建设实施路径分析

(一)设置武术课程思政教学目标

目标起到总领全局的作用。在高校体育武术课程思政的实施过程中,通过

① 孟子.孟子[M].哈尔滨:北方文艺出版社,2019:3.

知识目标、能力目标、情感价值观目标的设置,强化教学目标的思政属性,可以发挥出教学目标的育人导向作用。首先,在知识目标上重视人文素养,让武术中蕴含的丰富文化内容、思政元素等人文素养在知识目标中充分体现出来。通过知识目标的重新建构,突出人文素养知识部分,优化武术课程思政结构,丰富武术的人文知识库,将人文素质的教育内容融入专业技能的学习,深入挖掘和运用武术课程中所蕴含的人文教育元素,注重武术人文知识的传承,增强学生对武术及传统文化的使命传承感和文化自信,构建与武术课程思政相匹配的知识目标。其次,在技能目标上重视实践运用。通过武术技能的活学活用,学生可以较好地了解自身的身体素质情况和武术技能掌握的程度,还能提高自信心和对武术学习的积极性。通过高校武术课程思政的学习与实践,学生习得了扎实的武术技能,具备组织和欣赏各类型武术比赛及担任相关裁判工作的能力,同时能提升在生活和学习中独自分析解决问题和构建创新意识的能力。最后,在情感、态度与价值目标上重视育人导向。教师应增强对“武德”“武术精神”“武术人物”等这些思政要素本身所具有育人价值的认知程度,并将这些素材所具有的育人价值进行深入挖掘和扩大化,将其融入武术教学的全过程,潜移默化、润物无声地影响学生,以发挥出隐性教育的效果。通过强化育人导向的指引作用,加深学生对武术课程思政的价值了解,体会感悟武术文化的魅力,培养学生的家国情怀,以及尊师重道、守信讲礼的高尚道德情操,从而帮助学生树立正确的“三观”,培养出德才兼备的社会主义建设者和接班人。

(二)优化武术课程思政内容

高校武术课程思政资源丰富,教师要细致而深入地挖掘其思政育人内容,从武术教材、武术素材、武术动作入手,优化武术课程思政内容,实现武术课程思政育人的最优化效果。

1. 武术教材应具有课程思政内涵

武术教材编写应将含有武德、武术礼仪、武术人物等含有思政元素的知识编入武术教材,增强武术教材的感染力,发挥武术的独特育人作用。同时对自强不息的武术精神,独具魅力的武德、舍生忘死的爱国武术人物、历史深厚的武术礼仪等内容的来源、发展历程及其所具有的时代价值进行详细叙述,并将这些内容拓展到理想信念教育、爱国主义教育、个人道德品质教育等方面。例如,将武德编入教学中的尊师重道内容中,能够培养学生敬重师长的优秀品德;将武术礼仪编入平常教学中的上课规范内容中,能很好地引导学生上课时礼貌端正。通过书本教材这一重要的教学媒介让学生更深层次地了解武术人物、武德等内容的深刻内涵和其所具有的时代价值,引起学生的思想和精神的共鸣,彰显其内在的育人价值。

2. 建立课程思政特色的武术素材库

建立武术课程思政素材库,将思政素材与学科知识融为一体,巧妙地对学生进行思想教育,可以最大限度地发挥专业课程的育人作用。例如在介绍岳家拳时就可将岳飞作为一个思政素材进行重点教育,讲述他在年幼之时便被岳母刺下"尽忠报国"报效国家的故事来引导学生。用鲜活的人物素材激发学生立志向学的热情,让学生感受爱国主义的热诚,体会不畏艰辛的武术精神,让这些价值倡导走入学生的内心,成为学生心中的价值操守。要深入发掘建立具有思想政治教育内涵的武术素材库,用这些武术爱国人物的英雄事迹和高尚品德来为学生的精神思想层面源源不断地输送营养物质,使其成为提高学生思想品德的宝库。

3. 提炼武术动作蕴含的传统文化

武术动作教学不仅仅要培养学生的动作技能,还要对学生进行独具中华特色的武术哲学文化的传授,给学生提供人生价值的引导,提高学生习武的身心感受。教师在教学生学习武术动作技术和掌握动作要领的时候,常常会强调武术动作的呼吸调理和意念专注,也同样强调武术动作的刚柔并济和中正平衡,这些要点往往都是中国传统文化的体现。例如,太极的武术动作讲究"非顺即逆、刚柔并济、虚实相生、对立平衡",从中我们能深深感受到道家天人合一和阴阳循环的思想。因此,我们要深度发掘武术动作这个宝藏,厘清武术动作的功能优势,找出武术动作与传统文化思想融合的合理尺度,避免课程思政教学的实践误区,提高武术与课程思政教学的耦合度。

(三)提升武术教师课程思政能力

1. 促进武术教师思想道德素质提升

教师的思想道德意识直接关系到学生身心发展水平和道德素质的提高。在教师思想道德方面全面贯彻落实思政价值引领,将思政育人导向贯穿到教师发展与成长的全过程,坚定武术教师的政治立场,加强武术教师的育人自觉和使命担当。首先,提高武术教师自身认识。武术教师应充分了解武术的道德思想,深入挖掘武术文化内涵,同时学习先进思想文化、社会主义核心价值观,将武德思想与课程思政教育理念进行有机结合,找到共通点,落实到教学内容与教学过程当中。其次,在教学过程中,教师要以身作则,坚持言传身教、身正为范原则,让自己的一言一行潜移默化地影响到学生,起到表率作用。最后,学校要加强对教师的思政培训,让教师形成内在的自觉性,根据本专业的思政元素开展教学。同时,鼓励教师参加思政讲座、观摩思政优质课,学习新思路新方法,从而提升自己的教学能力。

2. 提升武术教师课程思政内容融合能力

高校武术教师要及时更新自身教育观念和知识架构,积极探索新的教学理论与方法,强化对课程思政的学习意识,成为一名学习型的教育工作者。武术教师要对武术教学进行科学设计,学会将社会责任、家国情怀、道德规则、核心要求与规则融合到武术课的教学实践活动中,掌握思想政治教育的规律和特征,将武术课程的思想政治教育功能开发出来。在教学中一定要遵循教书育人规律和学生成长规律,了解学生的内在需求和思想动态,创新教学载体,转变表达方式,从而使教学双方产生心理共振。要选用学生乐于接受的语言方式,把教材话语转变为日常用语,构建平等和谐的教育环境,最大限度地调动学生的主动性和参与性。武术教师要学会用马克思主义的分析方法和立场观点去分析武术教学中所存在的问题,强化武术课程思政问题导向,改变传统的说教模式,充分增强武术课程与课程思政内容融合的能力,提升自身教学的感染力。

3. 提升武术教师的课程思政素养

教师的思想政治素养、治学水平、学术境界、教学投入、人生态度等因素在教学活动中的表现,都会对学生群体的成长具有直观影响。教师必须加强自身本领的修炼,重视个人知识积累、政治素养和教学能力的提高,具备让学生敬重的品行和学问。要有"信念理想、扎实学识、道德情操、仁爱之心"成为四有好老师,通过亲身示范,让学生在潜移默化中深受教育与浸染、这也是提升课程思政育人效果的方式之一。教师更要提升自身对先进思想理论的理解力、教学教法的运用力、优秀文化的创新力,强化思想政治素养,增强学问品行和育人本领,夯实自身的"政治底线、道德底线、法律底线",达到知行合一,通过自身所展现的良好师德师风,成为立德树人、培根铸魂的教育实践者和学生成长的引路人。

(四)优化武术课程思政教学环境

良好的教学环境可以提高学生学习的专注力和教学内容的亲和力。通过从服饰、场馆、音乐、电影等方面去优化武术课程思政的实施环境,可以营造出良好的武术课程思政氛围,从而更好地发挥其价值引导的作用。

1. 武术服饰

武术服饰通过外在的颜色、图案等显性材质来表现习武者隐形的内在精神需求,是习武者的浓烈情感的展现,也是武术文化的历史见证者。武术教师对武术服装进行讲解时,要突出武术服饰的丰富文化内涵,重点强调武术服饰是中华民族文化的象征,使学生正确穿戴、存放武术服饰,明确武术服饰的重要意义。

2. 武术场馆

良好的武术练习环境可以让没练习武术的学生也能很好地认识武术,了解武德知识,接受武术文化的影响,主动参与到武术运动的学习和锻炼中去。通过在武术场馆放置武术人物雕像、粘贴武术标语等烘托武术课程思政教育氛围,激励学生进行武术学习,深入感受民族文化的熏陶,强化对武术的深层认知。通过武术场馆环境的优化设置,带动更多的学生参与到武术教育中来,推动武术文化丰富内涵的传播,在思想观念、价值追求等方面对大学生起到润物无声的熏陶作用。

3. 武术音乐

武术音乐是通过一定的节奏、旋律结合武术动作的动与静、刚与柔展示中国武术的魅力,显现出武者的精气神。将思政教育融入武术音乐中,可以让学生感受到武术音乐的深刻内涵、提高学生的鉴赏能力,也能增强学生的文化素养和知识储备。在教学开始部分的准备活动中加入节奏感强烈的音乐进行伴奏,可以快速使学生进入学习状态;在教学的基本部分选择与教学内容相契合的音乐,可以起到缓解武术动作不断重复练习所带来的枯燥感;在结束部分加入音乐,可以起到缓解疲劳、放松身心的作用。将武术与音乐完美结合起来,可以起到完善武术套路动作情感,提高武术观赏性、艺术性的重要作用,使武术动作更加清晰流畅,让武术完成一场艺术领域的极致升华。同时,音乐与武术套路的完美融合,可以激发学生的学习热情,提高学生对动作节奏感、力量感、美感的把握,从而更好地强化思政育人效果。武术音乐涉及文理史哲等领域,蕴含着浓厚的文化哲学元素,当武术音乐的情感内容与武术所要表达的思想结合在一起,武术课堂就成为一个别致的思政教育形式,从而引起学生强烈的情感共鸣,促进学生的全面发展。

4. 武术电影

武术电影是武术在新时代的载体,把武术所具有的道家傲骨、儒家风范、兵家诡道、佛家禅法这些抽象元素都直观地表现出来,将中华民族坚韧不拔的意志、温良谦恭让的品行展现得淋漓尽致。在此背景下,教师在高校武术课程思政开展的过程中,要以武术文化为基础,挑选与武术相匹配的电影,激发学生的学习兴趣,从而有效营造武术课程思政的学习氛围。

(五)优化教学手段,为学生提供人文体验过程

教学手段是影响教学效果的重要因素,因此,在高校武术课程思政教学中,应该注重教学手段的丰富与创新。武术教师以及相关教学工作者,在教学手段的选择与运用上,应充分重视人文体验过程,具体应该从以下几个方面着手。

第一,关于教学手段的类型方面,应该尽量选择需要学生协作与互动的教学手段,这有利于营造良好的教学氛围,提高学生的参与度,调动学生学习的积极性。因此,在高校武术课程思政教学中,应该尽量选择有利于学生之间进行互动的教学手段。例如,可以采用项目化学习、趣味性竞赛与游戏活动等,以使学生在互动的过程中彼此帮助、关怀与理解,增进学生之间的友谊,培养学生沟通能力、理解能力,帮助学生形成正确的道德观。

第二,关于教学手段的设计方面,应该尽量保证教师的有效融入。正确选择教学手段类型之后,教师应该对之后的教学过程进行合理设计。在此过程中,教师应尽量融入学生的学习活动中,使自己成为其中的一分子,与学生组成学习共同体。如此,教师在教学过程中,能够进一步拉近与学生之间的距离,与学生一起体验学习过程,更好地理解学生的所思所想,并充分发挥榜样作用,引导学生形成正确的思想、价值观与道德观,同时有利于学生更好地领悟到人文关怀的内涵,为学生创造出更加良好的人文体验过程。

(六)校内外结合,注重社会实践

武术课程思政教育不只是学习思想和理念,最重要的是要落实到实践当中。一方面,在校园内,通过武术社团、武术表演以及比赛形式,让学生在活动中践行武德思想,学习谦虚礼让、不卑不亢、积极进取、不懈奋斗的意志品质,培养学生的集体荣誉感、团结协作精神及竞争意识,增强学生自强不息、勇敢无畏、刻苦耐劳、砥砺前行的精神;另一方面,在校园外,鼓励学生到社区进行武术健身指导,现在很多老年人自行组织健身活动,如太极拳、柔力球等,学生将课堂上学到的武术技能应用到实践当中,与老年人以武会友,切磋技艺,从中体验互教互学、奉献与服务精神和社会公益心,以自己所学所练回报社会,这对于习武者来说也是一种历练。现在很多大学生利用课余及假期时间,到俱乐部或武道馆当兼职教练员,培养了吃苦耐劳、敢于挑战的优良品质,增强了自信心,磨炼了自己的心性,为以后步入社会打下坚实的基础。

(七)完善武术教学的评价体系

目前,高校武术教学往往只注重技能目标,教学目标中的认知目标、情感道德与价值观目标较少。认知目标除了包括让学生学习武术的理论知识和基本动作,还应包括理解武术技能在生活实践中的现实意义;情感道德与价值观目标是培养学生在集体的环境中互帮互助、团结合作、坚韧不拔和爱国等优良品质。可见,认知目标、情感道德与价值观目标和课程思政理念是息息相关的。因此,只注重技能目标使教学目标不完整,不利于学生道德素养的提升,也不利于课程思政理念在武术教学中的落实。对于武术教学原有的评价体系应加以完善与补充,如将学生对武术的认知理解、课堂表现、行为规范、道德思想纳入考核评价,让学生在技能方面熟练掌握,在认知、情感、行为、意志等道德素质上也得到提升。

第六章　高校体育课程思政建设路径的创新性探索

第一节　高校体育课程思政研究的热点与趋势

一、高校体育课程思政研究的热点

当前体育课程思政建设研究的热点可以归纳为元素、融合、资源、价值和路径等方面。

(一)体育课程思政元素发掘的研究

对于体育课程思政元素的发掘和凝练,是目前开展体育课程思政研究的热点议题。体育课程思政元素广泛存在于各种类型的体育课程之中,在一些和体育有关的其他学科育人活动中也可以看到体育课程思政元素的身影。从现有的研究来看,体育课程思政元素发掘方面的成果主要集中在运动项目的教学过程中,如武术、排球、健美操、篮球、田径等项目中蕴含的课程思政元素,已经被研究者从不同角度进行了发掘、凝练和总结。不同类型体育课程思政元素的发掘整理,均是根据运动项目教学的长期实践中形成的育人特点总结凝练出来的,为其他运动项目教学过程中的课程思政元素发掘提供了优质的样板和范例。关于体育课程思政元素发掘领域的研究,目前已经进入了深化期。不同类型运动项目蕴含的思政元素发掘仍在有序进行,理论类体育课程、实践类体育课程、公共类体育课程、体育综合实践活动、不同类型的体育研学活动等课程与活动类型中的课程思政元素,正在以不同的形式被发掘、梳理、凝练和总结,其目的是能够按照体育课程思政建设的总体目标,借助于不同的体育教学活动载体,使各类体育课程思政元素能够完整地、成体系地表现出来,形成体育课程思政元素类群。

(二)课程思政融入运动项目的研究

发掘蕴含在运动项目中的思政元素,使其经过课程思政建设理念的改造之后,能够融入运动项目的教学中,达到预设的育人效果和作用,这是运动项目类课程思政教学的主要研究点。从研究的整体情况来看,课程思政融入运动项目教学的研究呈现出点多面广的特点,主要表现出三种研究态势:①通过具体运动项目教学对学生体能、技能、心理等方面进行积极改变,帮助学生在运动项目的习练中形成不怕困难、勇于拼搏、锲而不舍、奋勇前行的体育意志品质;②助推学生在运动项目的学习过程中,努力突破自己的学习困境和心理障碍,创新自己的学习理念和方式,打破固有的练习传统,结合运动项目的学习培养自己的创新思维和求新精神;③致力于研究运动项目教学对学生担当意识和责任能力的培养,尤其是集体类项目的教学,能够突出学生在团队角色中所负有的使命感和责任感,使其不仅能学会为团队和集体负责,而且能延伸到为国家、民族的复兴和发展承担起自己的责任与义务。

课程思政融入运动项目的诸多研究点,呈现出了一条研究主线,即通过运动项目的教学,致力于帮助学生牢固树立良好的价值观、责任感和担当意识,能够将实事求是的训练作风、追求创新的训练思维、与时俱进的训练方法等,结合课程思政建设必备的"有机融合"要求,贯穿在学生的运动项目学习与习练全程中,最大限度地发掘运动项目教学中的课程思政资源,发挥其完整的育人作用。同时,课程思政融入运动项目的研究,也经常结合运动训练的相应理论进行。多元化的研究点,映射出课程思政融入运动项目的未来研究空间,为体育课程思政建设成果的落地提供了更为便捷的教学通路。

(三)体育课程思政结合德育的研究

结合德育开展体育课程思政建设研究,始于从体育学科课程的德育功能出发,通过拓展、调适、改造、融合等路径,使体育课程思政与体育学科德育内容有效地结合起来,突出其育人作用。体育课程思政结合德育进行研究,已经成为体育课程思政研究的创新点和热点之一,其包含的研究内容非常丰富,既含有体育课程本身的思想政治教育内容,也含有体育教学对学生思想品德的塑造过程。从目前的研究成果来看,体育课程思政建设与体育学科德育、学校德育之间的结合,更多地倾向于内容之间的相互融合和联结,主要表现为四个类型的研究内容:①将体育课程思政建设内容与体育学科核心素养中的体育品德内容串联起来,互补互进,相互之间增补研究素材,形成研究对照。②将体育课程思政建设与学校德育工作的开展结合起来,使体育课程思政建设成效成为衡量学校德育工作整体质量的重要指标。③将体育课程思政与学生个人道德素养的形成结合起来,通过体育课程思政建设,更好地塑造学生必备的道德品质和能力。④将体育课程思政建设与师德师风建设结合起来,通过体育课程思政建设的特殊要求和通路,提升体育教师的师德修养和水平。

从体育课程思政结合德育的研究成果来看,研究的主体不仅涉及学生,也涉及体育教师,其主要内容主线均是在立德树人根本任务的导向下,以提升体育课程思政建设质量为基础,将来自不同渠道的德育内容有步骤、有计划地组织和串联起来,构建出全方位、多角度的体育课程思政教学图式,使德育建设能够与体育课程思政建设内容有机融合、同向同行。同时,通过优化德育内容实现对体育课程思政建设内容的有效改造,使体育课程思政建设成效的考核标准能够与德育内容进行教学性协调,强化育德与育技、德育与技艺之间的互相补位,进而提升体育课程思政建设的整体质量。

(四)多视角的体育课程思政建设价值研究

从现有的研究成果来看,探讨体育课程思政建设"底蕴""意蕴""作用""意义"等价值性的研究议题较多,并且在研究过程中体现出了多元化的价值发掘视角,可以概括为四种:①从体育课程思政自身的建设体系出发,指出体育课程凭借多元化的运动项目载体,能够使体育课程思政建设价值实现最广化和最大化。②从体育课程思政建设与整个学科建设的关系角度来谈其具体功能,将体育课程思政作为学校课程思政建设的重要组成,将其视为最能展现学校课程思政建设成果的渠道。③基于体育课程思政建设的目标,对体育课程中"润物无声""春风化雨""融盐于水"的思政元素进行分类归集,分别探讨各类元素的思政建设功能。④从体育课程思政建设承担的育人职责入手,系统探讨体育课程在"育体铸魂""明德精技""践德致学"等方面具有的独特育人价值和意义。

从体育课程思政建设价值研究的四个主要视角来看,多元的价值认定和功能归类是其研究的主要指向。体育课程思政注重发掘体育课程与教学中应有的思政教育元素,使这些元素能够结合体育教学实践"动起来"和"活起来",助力学生在体育知识、技能的掌握和学习过程中,结合体育道德品质的塑造和体育精神特质的形成,明晰体育课程的育人机理和意涵。在体育课程与思想政治类课程、其他学科类课程协同育人框架的构建过程中,突出体育课程育人的"增值"效应,使体育课程思政建设中的"协同育人""合力育人"等育人类型及其效能更加显著。

(五)体育课程思政建设路径的多样化研究

关于体育课程思政建设路径的研究,主要集中在体育类专业课、公共课和实践类课程的教学过程中,也涉及俱乐部、社团组织、研学旅行、教学共同体等机构组织的体育教学类延伸活动。多样化的研究类型,使体育课程思政建设路径朝向不同的方向拓展,巩固了体育课程思政建设成果的落地支点,使体育课程思政建设能够打通课内外、校内外、区域间的沟通壁垒,将不同体育课型与体育活动类型有效地结合起来,帮助学生夯实体育课程学习成果。目前,关于体育课程思政建设路径的研究可以归结为三类:①通过发掘体育常规课堂中的思政元素,对体育教学内容中体现出的态度、情感和价值观进行整合,梳理出体系化的课程思政课堂实施路径;②结合课外体育活动开展的全方位、全过程进行的课程思政建设路径开发与设计,重点突出课外体育活动中学生的乐于合作、坚韧不拔、团结友善、诚实守信、乐于奉献等优质品质的养成;③结合优秀运动员的成长轨迹和典型运动事迹的完整呈现,对学生进行爱国主义和民族自豪感的教育,增强学生对于体育助力中华民族伟大复兴的内涵的理解。

从多样化的体育课程思政建设路径研究现状来看,建立协同联动的教学组织成为体育课程思政建设路径研究的创新点:通过思政教师与体育教师、马克思主义学院与体育学院、体育专业院校与综合类院校等有序的对接和帮扶,打破体育课程思政建设的原有学科边界和教学局限,从课程思政建设理念、目标、重点、任务、制度等方面进行重新布局与设计,为体育课程思政建设路径的合力交叉和融合创建平台。在立足于区域性合作的基础上,通过调适与体育学科相近的各类资源的深度融合方式,使阻碍体育课程思政建设路径优化达标的因素能够被一一破解,实现不同机构和组织之间的体育课程思政建设路径设计思路与方法能够互通互用、优势互补。

二、体育课程思政研究存在的问题

(一)体育课程思政政策研究系统性不强

近年来,我国把高校思想政治工作摆在突出位置,各地区、各有关部门、各高校采取有力有效措施,对学校体育课程和提升体育课程思政建设质量提出了相应的评估标准、要求、机制。从政策发布的主体层面看,从国家到地方再到高校建立起国家、学校、院系联动保障制度;内容上看,设计了由政府、学校、教师、家长、学生等多元主体共同参与的体育课程。在国家政策的保障下,全国多地陆续推出学校体育治理评估督导制度,对体育课程思政的建设主体、资源统筹和推行实施进行部署,强调将常规测评与专业考量有效融入体育课程思政质量评估机制。但当前研究多将政策作为研究背景,并未能对政策进行系列研究,如对于政策制定过程、政策文本解读、政策开展分类、政策实施效果以及民众态度、社会反馈等的系统性和针对性研究。

(二)体育课程思政融合实践研究不足

在体育课程思政研究进程中,围绕概念、内涵、影响、逻辑、价值、路径等形成了较为稳定的内容体系,基础理论研究成果丰富并逐渐走向成熟,为体育教育和思政教育的有机融合提供了深入研究的基础。但是研究仍有不足,主要有以下三点:①大部分研究成果集中在理论层面,扎根实践的调查研究和实地走访明显不足。对于如何在中观层面有效落实相关政策,如何在微观层面有效实现融合与共生,应当予以重点关注。②课程思政与体育融合在场域、内容上的差异未能在体育课程思政实践中有效表达。体育课程思政在普通高校、专业体育院校如何深入开展,有何共性与差异,在思政资源、教学方法、教学内容、具体效果等论述上也存在不足。③在构建体育课程思政体系中体育课程特色论述不足,如不同背景的体育专业学生的课程思政如何有针对性地实施,公共体育和专业体育课程思政具有怎样的差异,体育理论课程和技术课程的课程思政如何有效开展等问题涉及较少。总之,现阶段学术界对体育课程思政理论研究多,涉足课堂教学一线的实证研究相对较少。

(三)体育课程思政研究方法略显单一

通过对当前体育课程思政研究进行系统梳理,发现研究成果上有所增加,但质量上却有待提升,研究内容和方法存在重复。除此,体育课程思政还未形成独特的研究范式,提及体育课程思政的开展及实施情况还需要增加调查式和参与式观察研究;分析学生对体育课程思政的课堂感受与评价必须进行深度访谈,定性分析学生的接受效果;论及体育课程思政的发展方向与发展目标必须综合运用政策研究法,具体结合政策与社会发展需求。在研究视角上,围绕体育课程思政的基础理论研究和实践路径探索的研究成果较多,经典课堂教学案例解析较少,围绕体育课程资源探索的研究明显不足,如关于体育的重要论述融入体育课程思政建设的研究,中国共产党百年红色精神与体育课程思政建设,社会主义核心价值观教育融入高校体育课程思政的现实逻辑,等等。

(四)体育课程思政评价指标体系研究不够具体

指标体系构建是体育课程思政科学、持续、深入推进的重要保障。当前研究中,体育课程思政的评价标准较为模糊,科学性、方向性、针对性不足,难以为体育教师开展课程思政教学提供应用上的指导。体育课程思政的评价指标应从长远目标和发展现状着手,宏观发展上要符合国家教育改革和体育发展需求,符合国家人才培养的总体目标;要统筹考虑课堂教学质量提升和全面的教学体系构建,实现培育大学生全面发展的价值目标。确定课程思政的评价指标体系,优化评价机制,改变长期以来单纯量化的评价方式和评价标准,回归教育的本质和初心,综合定量评价与定性评价、客观评价与主观评价,统筹运用过程性评价与终结性评价结合的动态化评价等方式,构建科学化、精细化、系统化的课程思政评价指标体系。坚持教师的业务评价与思政评价并重,激发体育教师落实立德树人根本任务、推进课程思政建设的积极性和创造性。

三、高校体育课程思政研究的趋势与展望

(一)加强高校体育课程思政建设的一体化研究

高校体育课程思政建设是一项全面性、系统性工程。运用系统思维对高校体育课程思政体系进行全面规划与系统性建构,有助于促进高校体育课程三全育人"大思政"教育格局的形成。当前研究大都聚焦体育课堂教学"主渠道""主场域",未见有研究立足整体视域或系统视角,围绕主题展开一体化探索。今后的研究应抓好"线上""课外"和"一体化"三个关键点,注重一体化研究,推动主

题研究的系统化,以助力高校体育课程思政体系的构建。①横向拓展高校体育课程思政建设的"线上"和"课外"研究。如何借助现代信息技术手段等确保线上体育课程思政教学与育人成效掷地有声,值得深思。同时,如何促使课程思政教育在课外相关体育活动中延续,引导学生在全程、全方位课程思政教育中做到知行合一,也有待探索。②构建全学段体育课程思政模式,从纵向延伸维度加强一体化研究。在未来的研究中,全学段一体化的体育课程思政建设模式,需要突破不同学段课程思政建设内容手段单一的问题,使体育课程思政教学方法在学段之间实现有序衔接,课程思政教学内容之间实现学段之间的合理串联,研制全学段一体化体育课程思政教学指导纲要,组建体育课程思政全学段一体化的教学研修体系,保障全学段一体化体育课程思政建设成效与质量。这些内容都会成为体育课程思政全学段一体化建设研究的重点和焦点,助力体育课程思政研究向纵深和广度的拓展。

(二)体育课程思政元素凝练与资源拓展的研究将继续深化

凝练体育课程思政元素,拓展体育课程思政资源,是关乎体育课程思政建设研究生命力的重要议题。目前,体育课程思政元素发掘凝练的渠道和通路比较单一,涉及的具体运动项目也不够全面,主要思政元素依然以体育精神、体育品德的塑造为主。体育课程思政资源的拓展范围也非常有限,主要集中在体育课程内容上。因此,未来的研究应通过建立体育课程思政元素凝练与发掘的专业手段,提高体育课程思政元素凝练的成熟度和精准性,构建动态性的体育课程思政元素"新陈代谢"体系,持续扩充新的思政元素及其内涵,调适和剔除适应性不强的思政元素,使体育课程思政元素能够保持新鲜度与持久度的统一。未来的体育课程思政资源拓展需要在资源类别、资源范围、资源功效、资源整合等方面下功夫,结合体育课程与教学改革的实际需要,使体育课程思政建设所依靠的资源库存丰富、类型完善,实现资源发掘、补充与需求之间的有序联结。

(三)高校体育教师课程思政建设能力与素养的提升研究

全面推进高校体育课程思政建设,体育教师是关键。高校体育课程思政建设的行之有效,重在发挥体育教师的"主力军"作用,充分调动其积极性、主动性与创造性。可以说,体育教师所具备的课程思政能力与素养直接关乎高校体育课程思政建设质量的优劣。尽管当前研究也对如何培育体育教师的课程思政理念、素养、情怀及"守渠"能力等做了初步探讨,但研究的力度与效度尚显不足。同时,考虑到高校体育教师课程思政建设能力与素养的培育提升是一个长期的过程,并非一蹴而就,未来研究应继续就此有的放矢地开展专题式聚焦。第一,要激发高校体育教师"愿融"的动力,畅通其"愿不愿""肯不肯"的问题,重在培育其将课程思政理念融入体育课程的主体意识,强化其以体立德树人的责任担当,促其将课程思政理念内化于心。第二,要提升高校体育教师"会教"的能力,解决其"能不能""行不行"的问题,重在强化其挖掘与整合体育课程思政资源、聚类思政元素并融入体育教学设计、开展课程思政课堂教学等方面能力,促其将课程思政理念外化于行。第三,要涵养高校体育教师"育人"的情怀,疏通其"深不深""久不久"的问题,重在培养其引导学生崇德向善的传道授业情怀、为党育人为国育才的家国情怀等,促其在课程思政育人的道路上笃行致远。

(四)体育课程思政建设方法与提质增效的研究将不断创新

随着体育课程思政研究的不断深入,其相应建设方法的更新和优化问题也显得非常迫切。体育课程思政建设方法与体育课程思政提质增效的建设程序直接相关,甚至左右着体育课程思政的建设进度和结果。目前,对于体育课程思政建设方法的研究,往往与体育课程教学方法、运动训练方法、心理训练方法、思想政治教育方法联系在一起,尚未构建起体育课程思政专业化的研究方法及推行体系。因此,未来研究若要在质量和社会效应上形成标志性的成果,需要花大气力改进现有的体育课程思政研究方法,形成系统的体育课程思政研究理论,构建起规范的体育课程思政实践方式,用以提高体育课程思政研究方法的适应性和稳定性,为更多、更专业的体育课程思政研究团队和个人提供成熟的方法指导,使体育课程思政建设提质增效的目标指向拥有更为可靠的方法保障。

(五)注重开展高校体育课程思政建设成效考核与评价研究

适时性考评体育课程思政建设成效是推进高校体育课程思政高质量建设的关键环节,也是主题研究领域的核心议题之一。近几年,随着课程思政教育理念的持续深化,学界围绕高校体育课程思政建设的理论与实践展开积极研究,并取得了一定成效。关于高校体育课程思政建设成效的考核与评价,已有研究虽有零星关涉,但总体研究匮乏且目前尚未有专门研究成果。未来研究很有必要对此主题予以重点关注。一是采用过程性评价方式对高校体育课程思政建设过程进行监督和考察,重点关注体育课程思政元素"如何科学挖掘"、课程思政资源"如何有机融入"、课程思政教学"如何合理设计与实施"、师生在课程思政教学中各有什么样的行为表现等问题。二是采用结果性评价方式对高校体育课程思政建设成效进行考评,重点聚焦课程思政目标的达成度、体育课程思政与思政课程的协同效应、体育教师"融盐在水"的有机融入能力与水平、基于学生有效反馈评测课程思政育人效果、基于课程思政育人效果检验立德树人成效、公共体育课与专业体育课程思政成效之异同等内容。开展课程思政建设成效的考评研究,无疑将有助于高校体育课程思政建设成效考核与评价体系的构建与完善,从而实现以评促建,进一步推进我国高校体育课程思政高质量发展。

第二节　高校体育课程思政教育
资源建设的创新探索

一、构建高校体育课程思政教育资源共创共享模式

面对高校体育课程思政资源发掘配置进程中凸显出的系列核心问题,需要按照体育课程思政的建设要求和特点,探索高校体育课程思政资源的共创共享模式,以便于各高校在开展体育课程思政建设时实现资源互补,提高建设效率。高校体育课程思政资源共创共享模式有稳定的现实依据做支撑,具备丰富的内涵要素,其运行机制、督测评估和支持保障等环节都有体育学科特征和资源优势(图 6-1)。

(一)现实依据

"立德树人"与"五育并举"是新时代学校体育发展定位和目标体系的重要内容,规定了学校体育教学工作的前进步伐与发展方向。作为新时代学校体育教学改革工作的重要事宜,体育课程思政建设工作的顺利推行需要充足的体育思政资源予以支持,因此加强体育课程思政建设资源的挖掘与创新工作,有助于推进体育课程思政建设,加快实现"立德树人"与"五育并举"的学校体育育人目标。

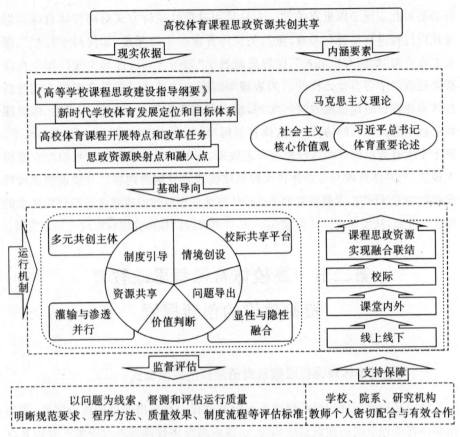

图 6-1　高校体育课程思政教育资源共创共享模式及运行机制

　　高校体育课程是理论课与实践课相统一的课程体系,因专业设置不同,涉及相应课程的开展方式也会有所不同。在体育课程思政资源共创共享模式的构建中,需要在体育课程设置、体育类专业建设、体育学科评估中重点凸显不同资源类型对应的不同课程要求;在配合高校建设体育课程思政教学研究示范中心的过程中,依据学校体育类课程的开设实际,协同建立有助于体育课程思政资源共创共享的教学团队,推动思政资源恰当、有效地融入运动项目的教学全程。

　　高校体育课程开展的程序稳定性、条件多样性等特点和改革任务的国家政策导向性及社会发展的同频共振性,为高校体育课程思政建设及其思政资源挖掘工作提供了现实依据。高校体育课程思政资源,不仅广泛存在于体育教学、运动训练、运动竞赛、体育精神、体育文化等与体育直接相关的领域,而且普遍存在于思政建设、校本课程编写、班级管理等活动中。

找准体育课程与教学中的思政资源映射点和融入点是发挥思政资源育人功能的关键点,这就需要在开发体育课程思政资源的过程中联合思政教师与体育教师、学科专家与优秀运动员、教学名师与体育精英的资源优势,形成体育课程思政资源互通共用的良好格局。在打造体育课程思政建设品牌的基础上凝练学校特色,不断引领和强化体育教师的课程思政资源开发与应用能力,打通教师间实现课程思政资源共享的通道,并且及时分享创新性的课程思政资源开发范式和路径,通过校际和教师间多层次和多类型的互通交流方式,为高校体育课程思政共创共享模式的构建提供现实依据和支撑。

(二)内涵要素

构建高校体育课程思政资源共创共享模式,要充分了解体育课程思政的育人特点和内在建设要求,把实现中华民族伟大复兴的家国情怀等育人要素融入体育课程思政资源开发的全程,使学生通过体育学习能够形成必备的责任与担当、高尚的道德情操、健全的人格、勤奋务实的进取精神等。体育课程思政资源是诸多育人要素的"合成集",发掘与运用这些育人要素不仅可以完整阐释高校体育课程思政资源共创共享模式的内涵建设,而且有助于深刻认识高校体育课程思政建设的模块组合和广度延伸。马克思主义理论是开展各领域改革事业的思想源泉,将马克思主义理论运用于思政教育,能够有效提升思政教育实效。

马克思主义理论中的世界观和方法论教会了一线体育教师如何以发展、辩证的眼光看待高校体育课程思政资源的挖掘与应用工作,如何将思政资源的挖掘、创设事宜与体育课程思政建设形成联系,实现由局部到整体的发展。将马克思主义理论作为高校体育课程思政资源的内涵要素,既为高校体育课程思政建设的系列工作提供方法指导,又可以将马克思主义理念以思政元素的形式融入体育课程与教学中,使其成为广大学生认识世界和改造世界的指导思想,既塑造了学生的价值观,也增进了学生的认知范围。

社会主义核心价值观是国家文化软实力的核心,是全国人民共同价值追求的"最大公约数",是中华优秀传统文化的精髓。这一厚实的价值意蕴能够为体育课程思政建设增添丰富的思政元素,充实高校体育课程思政资源库,助力其建设。高校体育课程思政建设是通过高校体育课程与教学落实思政教育的实践活动,是完善大学生意识形态的教育活动。社会主义核心价值观从国家、社会与个人三个层面提出了中国公民的行为规范。社会主义核心价值体系的内核体现了社会主义意识形态。将社会主义核心价值观作为体育课程思政元素的精神引领，契合高校体育课程思政的建设内涵与顺应国家政策导向，有助于发挥体育课程的多重育人功效，培养合格的社会公民。

习近平总书记体育重要论述中的"体育强国""健康第一""全民健身""中华体育精神""体教融合"等理念蕴含着丰富的课程思政元素[①]。通过系统的研究和设计将其有机融入体育课程思政建设全程，有助于学生在体育学习过程中更好地锤炼意志、健全人格、增强体质，培养学生顽强拼搏、奋斗有我的理想信念，激发学生提升全民族身体素质的责任感和使命感。

(三)运行机制

高校体育课程思政资源共创共享模式的运行机制是各要素相互作用、有序运行的内在机理，是调动体育课程思政资源共创主体、打通校际资源共享路径、丰富体育课程思政资源类型的关键一环。高校体育课程思政资源共创共享模式的运行，重点突出"如何共创"和"如何共享"。通过学校、院系、研究机构、教师的协同参与，实现思政资源共创主体的多元化；通过构建校际体育课程思政资源交流平台，畅通体育课程思政资源共享路径，坚持灌输与渗透并行的原则，促使体育课程思政建设实现显性资源创设与隐性资源感悟的有机融合，推动高校体育课程思政资源共创共享模式的构建。

在思政资源的共创共享过程中，通过制度引导、情境创设、问题导出、价值判断、资源共享五个环节，能够使体育课程思政资源以春风化雨、润物无声的方式，对学生的全面发展产生积极正向的推动作用。课程思政资源育人功能的发挥需要结合体育课程的开展特点，围绕体育品德培养、价值观塑造等育人目标进行思政资源与教学内容的有机融合，通过体育教学情境的创设性构建，将抽象的思政哲理实景化、生活化，增强学生的现实感受，激发学生内在情感共鸣。在情境教学中，体育教师通过诙谐的语言，将合理、直观且发人深思的问题引入课程教学之中，引导学生积极参与对体育现象的分析，并结合生活实际进行思考。问题导出要确保学生运动技能的学习与思政教育紧密结合，要为体育课程思政资源的导入做铺垫。体育教师在引导学生分析问题、解决问题的过程中，

---

① 赵富学,李壮壮. 习近平总书记体育重要论述融入体育课程思政建设研究[J]. 武汉体育学院学报,2021(3):12-19.

提升学生价值判断能力和思维能力,帮助学生实现情感态度、思想品格、价值观等方面的升华,从而夯实思政教育之基。体育教师通过高校体育课程思政资源交流平台获取教学资源,在情境教学中借助问题导入,引导学生思考问题,将教学内容随风化雨播种到学生的心田之中,并通过学生自身的主观能动性创造资源,实现教学相长,资源共享。

(四)督测评估

高校体育课程思政资源共创共享模式的成功构建涉及众多问题,包括如何有效挖掘与创设思政资源、如何在体育课堂教学中运用思政资源、如何量化思政资源育人功能的效果等。而这一系列问题的解决需要对体育课程思政资源的挖掘方式、配置形式、创设能力、共享路径等方面进行督测与评估。以体育思政资源开发中的问题为线索,围绕体育课程思政共创共享模式平稳运行所需的规范要求、程序方法、制度流程等,科学合理评估思政资源共创共享模式的运行质量效果,对于促进高校体育课程思政建设意义重大。在开展高校体育课程思政资源共创共享模式的督测评估工作的过程中,应立足学生体育核心素养培育需求,以提升体育课程教学质量,落实学校体育思政教育任务,整改存在的突出问题,坚持思政资源开发科学、合理、有效的原则,采用多元的评估方法,加强高校间体育课程思政资源互联互通,组织高校间定期或随机对体育课程思政资源进行评估考察,营造常规化的工作态势,促进"立德树人"教育理念根植于体育课程思政资源共创共享模式的建构中。督测评估是推进高校体育政策落到实处的力量,也是保障学校体育健康发展与学生健康成长的重要手段。在高校体育课程思政资源共创共享模式教学中,要加强督测评估力度就必须凝聚政府及相关部门、教师、社会各界的思想共识,深入挖掘体育思政资源,丰富体育课程教学案例,促进学校体育理论学习与实际锻炼紧密结合,全面提升体育思政育人成效,推动共创共享模式的实现。

(五)支持保障

高校体育课程思政资源共创共享模式的有序实施,需要学校、院系、研究机构、教师的密切配合与有效合作。学校层面要做好体育课程思政资源发掘配置的顶层设计,体育学院系需要按照方案将体育课程思政资源的发掘任务分配给创设主体,以制度建设赋予创设主体发掘课程思政资源的实际权力以提升其主动性;研究机构要加强与学校、学院的密切合作,通过课题项目、教学改革试验等研究计划主动融入体育课程思政资源的发掘工作中,积极为体育教师思政资源的创设出谋划策、增添智慧;体育教师要发挥主观能动性,积极参与学校组织的、以"思政资源发掘"为主题的教师系列培训活动,拓宽对思政资源挖掘工作的新认识并学以致用地将其落实到体育课程思政建设中。多元创设主体的高度合作有助于在体育课程思政建设进程中形成高校体育课程思政资源发掘的责任共同体,各司其职、各尽其力,共同为思政资源在体育课程与教学中的应用提供组织支持与制度保障,保证高校体育课程思政资源的充足供给。

二、云教育平台建设下体育课程思政教育资源共享发展的策略

云教育平台在技术层面涉及互联网大数据、云计算、区块链、物联网、人工智能、5G 信息技术等,呈现出了稳定快速的发展态势,为新时代社会经济发展赋能助力。在云教育平台上,体育课程思政教育资源共享发展的特点更加符合新时代育人践行向度。聚焦云教育平台对学校体育教育在培养人方面的实践意义,进而推进体育课程教学质量和评价标准的改革与完善,提高传统文化在体育教学过程中的效用,切实维护好发展好体育课程思政在立德树人方面的责任功效。

(一)拓宽思想政治教育渠道,形成精准化体育课程思政资源保障途径

思想政治教育渠道的多元化需要充实的物力资源、人力资源、知识和制度资源做保障。提升思想政治教育与体育课程教学的融合质量,重在拓宽思政教育资源供给所需要的物力资源,如资金、基础设施等,进而引入思政人力资源来切实保障体育课程思政教学的质量,达到良好的育人效果,以规范和满足学生的运动健康、道德修养需求。一方面,由于思想政治教育与体育课程教学空间的特殊性,应该先满足立德树人根本任务的要求,调动广大师生依托云教育平台信息服务平台,实现精准思政与精准衔接体育课程资源,找到优化聚合发展的突破口,以期促进数字思政教育资源供给"质"的发展。依托互联网数据信息资源和云端空间教育平台积极拓宽多元思想政治教育渠道。例如,首先强化多元思想政治教育渠道的物力资源投入,逐步形成以立德树人为主导的育人理念,积极吸收社会道德文化因子,鼓励学校、社会、家庭等方面共同参与的体育课程思政教育范式,以此形式作为补充,稳步构建各地区学校特色的体育课程

思政教学渠道。另一方面,在思想政治教育资源供给方面需要联系教师、家长、社会人士等方面,组织人才教育孵化基地,结合体育课程思政发展的未来趋势,充分发挥组织单位的思想政治教育孵化基地的优势作用,通过构建数字化体育专业人才数据库,积极吸纳骨干体育人才资源并进行精准培育。通过云教育平台云端服务平台建立健全有效的体育课程思政教学激励机制,保障教育主体"育德""修德""明德""督德"的体育教育供给端的效果,在资源供给过程中依托"互联网+"数字信息化平台,构建"交互联动"的体育课程思政内容服务系统。

(二)坚持立德树人目标任务的数字化,精准设计体育课程思政的内容

第一,云教育平台下思想政治教育与体育课程教学应着眼于道德理论知识与运动实践经验的融合,形成多学科融合创新发展的基本态势,构建体现体育课程思政教育特征的内容体系,其中涵盖了体育与健康知识、运动技能、技战术能力、参与赛事的能力、俱乐部训练等,其中既有道德"自修"的内容,又有道德"他修"的内涵和外延。

第二,在云教育平台上不仅要引导师生主动地认识和深入了解体育课程思政的数字化特征,而且更应深化数字伦理在思想政治教育中的具体呈现,以此激发体育课程思政的数字化创新,使其更加适应学校体育学科教育的核心理念,进一步彰显以立德树人理念为核心依据引领学校体育教育与思想政治教育内容的数字化创新融合发展趋向。

第三,云教育平台建设下体育课程思政教育资源共享发展应以开放、包容、协同、共享的数字思维理念为主旨,深入开发体育学科课程中的思想政治教育资源,深化细分思政教育因子,以便将其通过互联网大数据信息平台反馈出来,进一步推动思政内容在体育课程教学中的升级转化和深度融合,不断拓展体育课程思政教育的数字空间,使学生在参与体育运动训练、体育赛事、社会实践活动的过程中提高道德认识和自我管理能力,以数字化的形式反馈个体思想认识、道德认识、道德修养、道德情感、道德意志、道德行为等方面的达成效果。

(三)搭建体育课程思政云教育平台,彰显思想政治教育数字信息化的精准互融

云教育平台建设为体育课程思政资源共享提供了机遇和发展方向,在体育强国建设下融合思想政治教育资源发展优势,数字信息化时代体育课程思政担负起新时代赋予的多重育人使命,是政府融合发展学校体育教育的便捷"云"平

台,并彰显了体育课程思政的现实育人价值。云教育平台建设下体育课程思政的教育主体呈现社会化、多元化的系统调配机制,体育课程思政资源共建共享路径促使云教育平台数字信息化建设下师生加强沟通,生生增进交流互为监督、共同进步。云教育平台建设下体育课程思政资源共建过程跨越文化意识形态的深度广泛的交流与互通,是数字信息化筑牢体育学科思政理论相通的桥梁,以此来有效缓解当前体育教育传统固化和缺乏灵魂这一基础的矛盾。

三、高校户外体育课程思政数字化教学资源建设措施

(一)搭建多功能思政教育平台

在高校体育课程思政教学中应用数字化教学资源的时候,非常有必要搭建多功能思政教育平台。高校要真正了解学生的真实需求,把学生对思政教学的真实诉求作为工作导向,增加思政教育平台的各种功能。利用好各种有效的教学资源,进行科学合理的谋划。要发挥数字化教学资源的价值,给学生提供权益维护、心理辅导等服务。发挥学生在思政学习中的主观能动性,提高多功能思政教育平台对学生的吸引力,让学生能主动在多功能思政教育平台上学习到与思政教学有关的知识。各大高校还可以利用官方微博、微信公众号、抖音官方账号等和学生进行积极互动,开通留言功能,让学生可以把生活中遇到的思政问题借助多媒体平台反映给学校,教师在多媒体思政平台及时给学生进行答疑解惑,引导学生进行自主实践,保证学生能够实现社会化。

(二)提高现代信息技术的应用程度

时代在不断发展进步,为了更好地落实高校体育课程中的思政教育,在教学中应该广泛使用现代信息技术,体现时代的先进性。以户外体育课程教学为切入点,以思想政治教育元素的课程融入与体育户外课程思想政治教育元素的挖掘为推手,立足高校体育课程教学实践,对高校户外体育课程思政数字化教学资源建设的可行性、必要性进行分析。立足户外体育课程教学,以数字化教学为基础,以"户外体育课程思政建设落实到课程目标设计、教案课件编写,贯穿于课堂授课、教学研讨、体育训练,推进课程思政内容进人才培养方案、进教案课件、进考试"为路径,推动高校户外体育课程思政数字化教学资源建设。立足课程思政建设主体——学生,以户外体育文化与体育史、课程前沿、奥林匹克

精神为内容,推动以微信公众号为主的资源平台建设。依托企业软、硬件技术优势,推动高校户外体育课程思政数字化教学资源平台建设;推动户外体育课程思政常态化建设。利用高校户外体育课程思政数字化教学资源,开展教学实践活动,并对课程思政资源内容、方式进行调整,形成高校户外体育课程思政数字化教学资源建设理论成果与可视化平台。

(三)应用微视频教学资源

1. 根据课堂内容对微视频进行有效利用

在高校体育课程思政教学过程中,对微视频进行有效运用,不仅可以提高学生的学习积极性,还能促进体育教学质量的提高。对微视频进行运用时,需要结合具体的课堂内容,避免微视频中出现与课堂学习无关的内容。因此,对微视频的选择一定要慎重,不能脱离具体的教学内容,而是要借助微视频的内容丰富教学形式。比如,学习到"如何树立正确的'三观'"时,教师可以给学生播放"感动中国十大人物"这种类型的视频,不能播放其他类型的电影,避免学生学习时受到无关信息的干扰,影响到学生的课堂学习体验。

2. 借助微视频营造良好的学习氛围

良好的学习氛围能够让学生对课堂学习充满期待,也会让学习效果事半功倍。因此,在高校体育课程思政教学中,教师要利用好微视频在班级里营造良好的学习氛围。所以,在实际的教学过程中,教师可以选择合适的教学资源,调动学生的学习积极性,保证课堂教学活动可以有序进行。微视频中包含了大量视频、音频内容,学生在课堂学习中可以调动各种感觉器官,有效集中注意力,为营造良好的课堂氛围创造有利条件。

3. 利用微视频开阔学生视野

微视频教学资源的涉及面比较广,对互联网的各种信息能进行有效整合。所以,教师可以借助微视频开阔学生的视野。课堂上,教师可以给学生播放与课堂教学内容相关的视频、音频、影像资料,给学生营造真实的学习情境,在拓宽学生视野的同时提高学生的综合能力。借助微视频教学资源的有利条件,让学生对思政知识的学习产生浓厚的兴趣。

第三节　高校体育课程思政高质量建设的方法创新

一、教学目标设计中课程思政建设方法的优配创新

　　课程思政建设要取得预期的质量与效应，首先应在教学目标的设计上有所展现。从体育课程思政的发展实际来看，只有在具体课型的教学目标中明确课程思政的建设要求和方法，才能保证课程思政建设要点有效地落实在课堂教学之中。东北师范大学邢金明教授认为："要创新体育课程思政建设方法，推进体育课程思政建设质量持续提升，需要将课程思政建设的具体要求体现在单元课程的教学目标设计中，使体育课程思政建设方法创新思路与教学目标的改进需求配套起来。"如何实现体育课程思政建设方法与课程教学目标优化配置，是体育课程与教学研究者应该重点考虑的问题。这种优化配置上至课程教学大纲中的教学目标设计要求，下至课堂教学目标的具体设计步骤，都需要进行综合的审视和考量。

　　将课程思政建设要点融入体育课程教学目标的设计中，是体育课程思政建设的常规方法。但在这种融入过程中如何有效地调适和配置好课程思政建设要点与体育课程教学目标之间的平衡性，则是对这一常规方法进行创新的关键。体现在教学计划中的课程思政建设要点与体育课程目标的设计要求是并行的。例如，在排球教学中，要让学生体会到"为国争光、无私奉献、团结协作、顽强拼搏"等中华体育精神的内涵与真谛。常规的教学设计是在教学目标中加入对女排精神的讲解，使学生了解和知晓女排精神，进而过渡到对中华体育精神的了解。在此过程中，学生始终处于被动状态，不能完全对女排精神与中华体育精神的支持和拓展关系进行深刻的认知。但通过教学目标调适，安排学生运用所学历史知识，课前分组查阅和梳理中国女排长久以来形成的独特精神的历史主线，总结出女排精神的内涵特质，然后教师通过创设具体的教学情境，帮助学生将中国女排精神与中华体育精神结合起来进行理解，并且在今后的体育运动实践乃至学习生活中进行更深层次的认知与践行，真正实现课程思政建设方法的创新对实现教学目标的支持和价值拓展。同时，这也推动了课程思政建设方法灵活地配套体育教学目标的设计意图，进而实现预设的育人效果。

二、体育课程思政建设体系中研究方法的组合创新

对体育课程思政建设展开研究的方法是多种多样的,既有理论层面的整体阐释,也有结合具体课程类型形成的针对性研究方法,还有通过运动项目的具体教学实践总结而成的研究方法。开展体育课程思政建设的专题研究,需要组合不同的研究优势和研究方法,通过借鉴、运用和改造,形成符合体育课程与教学特点的研究方法体系,使方法先行和理论先行在体育课程思政建设体系的构建中能够充分体现出来。通过组合不同的研究方法,既可以对现行的体育课程思政主要研究方法进行升级改造,也可以拓展体育课程思政研究方法的使用广度和范围,推进体育课程思政建设成果能够更加灵活地运用在体育课程与教学研究领域。

目前,体育课程思政建设研究主要倾向于理论探索,辅以部分实践研究,所采用的研究方法也多以质性研究为主。通过对质性研究和定量研究进行组合,大量使用混合研究的方法,能够有效提升体育课程思政建设成果的质量和层次。由于高校体育类课程中既有人文社会性质的课程,也有自然科学性质的课程,不同类型课程在课程思政案例使用方法、研究方法、教研方法等方面均有一定的差异。通过组合不同方法的优势和使用规律,形成符合体育课程思政建设的研究方法常用结构与体系,能够使高校体育课程思政建设具备较大的灵活度和自由度。

三、体育课程思政建设实践中优质方法的提炼创新

在体育课程思政建设实践中,各个高校逐渐形成了富有校本特色的一系列方法。有的倾向于学校的体育历史传统,有的倾向于学校自身的特色体育文化,有的倾向于中华体育精神的发掘使用,还有的高校倾向于从少数民族传统体育中进行思政元素发掘。从高校体育课程思政建设现状来看,诸多的体育课程思政建设方法需要经过实践的检验和考量,通过不断凝练和总结,朝着成熟化和稳定化的方向发展。

凝练体育课程思政建设实践中的优质方法,是要将实践中体现出来的能够对体育课程思政建设起到绝对支撑作用的方法整合与提炼出来,凸显这些方法的育人价值。在课程思政建设理念的推动下,高校在牢牢把握体育课程思政独特育人价值的基础上,逐渐形成了富有校本特色的体育课程思政建设实践方

法。倾向于体育历史传统的学校,以学习、练习和掌握运动与健康技能为主,凝练出了"明德精技"的课程思政建设方法,促使学生实现道德水平提升与运动技术水平增进相统一的目的,使学生在体育课程中习得能够促进自身社会化的实践能力。倾向于自身特色体育文化的学校,从运动项目教学实践中凝练出了"育体铸魂"的课程思政建设方法,培养学生形成受用终身的身体锻炼习惯与人生奋斗信念。倾向于中华体育精神的发掘使用的学校,在立德树人视域下凝练出了"修德修体"的课程思政建设方法,在运动情境中培育了学生的体育品德。倾向于从少数民族传统体育中进行思政元素发掘的学校,通过健康向上的体育课程内容学习及渗透在其中的道德实践活动,凝练出了"德能双进"的课程思政建设方法,以培养与造就"德才兼备、德能双进"的优秀人才。从高校体育课程思政建设现状来看,诸多的体育课程思政建设方法还需要经过实践的检验和考量,只有通过不断的凝练与总结,体育课程思政建设实践中的优质方法才能朝着成熟化和稳定化的方向改进与优化。

四、教学计划落实中思政元素发掘方法的创新

要实现课程思政建设"融盐于水、润物无声"的育人效果,需要在教学计划中处理好课程思政元素发掘方法与体育教学内容落实之间的关系。陕西师范大学体育学院张小帆教授认为:"体育课程思政元素的发掘方法是多种多样的,需要结合具体的教学计划设计合理的选用发掘方法,保证发掘和整理的体育课程思政元素能够有效地反映出教学内容的育人价值。"在教学计划中凸显出体育课程思政元素的发掘方法,目的在于推进课程思政元素与具体的课型和课程内容有机融合起来,从而有效避免生硬融入的现象发生。

在教学计划的组织与实施过程中,要凸显出体育课程思政元素发掘方法的对应性和有效性,需要明确指出所使用的课程思政发掘方法类型和适用范围。一般而言,课程思政元素的发掘需要与教学计划的执行情况结合起来。例如,在乒乓球教学中,为了让学生体会到"胸怀祖国、放眼世界、发愤图强、为国争光"等中国乒乓精神的内涵,传统的教学内容设计通常采用明星效应法、知识导向法等发掘方法,将中国乒乓精神同专业教学内容简单联系起来。这些方法固然让思政元素同专业教学内容有了一定的联系,却并没有凸显出体育课程思政元素发掘方法的对应性,即这些方法可以应用于其他任何课程之中,这就导致课程思政元素与教学内容之间呈现出生搬硬套、模糊不清的关系。学生对千篇

一律的教学案例感到认知疲劳,无法进一步对中国乒乓精神的内涵和意义进行深入解读。依据课程大纲的育人目标和专业培养方案,结合乒乓球教学的特点,在教学计划的组织实施过程中有的放矢地运用思政元素发掘方法,将思政元素的发掘进行创新与重构性质的设计和实践,进而推动中国乒乓精神同专业教学内容的有机融合,能够有效帮助学生对中国乒乓精神与专业课的教学内容进行重新认知,形成相应的学习体验,并将其延伸到自主学习和实践中去,真正体现思政元素发掘方法对落实教学计划的支持和促进作用,充分发挥教学内容的育人价值。

五、体育课程思政建设成效中反馈方法的创新

传统的检验体育课程思政建设成效的方法,主要集中在典型做法的宣传报道和经验介绍中。而在体育课程思政建设成效的反馈中,由于时效性的要求,反馈方法的及时更新显得非常必要。借助纸媒和现代信息传媒等各种传播介质,及时更新和展示体育课程思政建设的最新成果,能够形成校际的成果比较和经验借鉴,进而提升体育课程思政建设的区域质量和层次。

通过不断更新体育课程思政建设成效的反馈方法,有助于为体育教师提供更多的课程思政案例和素材,帮助他们开展有效的课程思政教学设计。例如,各高校通过适时适式地更新体育课程思政建设过程中的最新资讯,将体育课程思政建设过程中的"资源池"不断扩大,为体育教师提供一手的前沿思政案例素材。通过采用区域内高校联创联办报刊的方式,定期定版对各高校不同课程思政类教学活动、讲座论坛、案例设计等进行刊登,分设板块采用跟踪报道、专家共评、热点讨论等模块设计保证课程思政建设成效反馈的专业性,采用纸质媒介的固定更新保证课程思政建设成效反馈的稳定性。高校通过共建共营线上媒体平台,借助现代信息传播媒介静态与动态结合的方式进行体育课程思政建设成效的反馈,将体育课程思政建设成果应用到青年学生群体,使体育课程思政建设成果的学习与转化实现最大化。区域内的相邻院校、特色互补院校、同属性院校等需要不断加大合作力度,不断扩大课程思政成效反馈方法的层级,高效、妥善运用不同媒介宣传体育课程思政建设成效,稳步提升区域内各高校体育课程思政建设质量与水平。

参考文献

[1] 袁凌新,秦大伟,刘明建. 高校思想政治理论与实践教学分析[M]. 北京:中国纺织出版社,2019.

[2] 亓慧坤,韩洁,方铮炀. 新媒体视域下高校思想政治教育的解读与重构[M]. 北京:中国纺织出版社,2019.

[3] 徐杰,娄震. 课程思政视域下的高校体育教学研究[M]. 北京:九州出版社,2021.

[4] 盖庆武,贺星岳. 新时代高职课程思政理论与实践[M]. 杭州:浙江工商大学出版社,2019.

[5] 陈怀蒙,于鹏. 高校体育课程与思政教育融合的研究[J]. 青少年体育,2021(4):34-35.

[6] 赵卿. 课程思政理念下高校体育与思政教育融合研究[J]. 体育视野,2021(15):26-27.

[7] 谢智,许文保,白刘瑜,等. 新时代高校体育课程与思政教育融合研究[J]. 辽宁体育科技,2022(5):21-25.

[8] 杨春艳. 普通高校体育课程思政发展现状与改革路径[J]. 新乡学院学报,2021(9):69-72.

[9] 王煜坤. 基于"三全育人"理念下的高职体育教学改革——以青岛职业技术学院为例[J]. 文体用品与科技,2019(12):145-146.

[10] 杨建有,周建辉,杨剑彪,等. 高校体育课程思政建设开展现状及对策研究[J]. 体育视野,2022(9):59-61.

[11] 丁源源. 高校体育课程思政建设趋向、内容与实践路径研究[J]. 青少年体育,2022(11):37-39.

[12] 戴国清,高秋平. 大思政背景下地方高校公共体育课程思政建设路径研究[J]. 哈尔滨体育学院学报,2022(5):57-61.

[13] 张柏铭,钟武. 立德树人视阈下的高校体育教学改革[J]. 高教学刊,2018

(15):129-131,134.

[14] 皮昌权,徐剑."三全育人"视域下高校体育课程思政建设策略研究[J].体育科技,2020(6):113-114.

[15] 林霞.师范院校公共体育课程思政开展状况调查与分析[D].成都:四川师范大学,2022.

[16] 刘慧敏.大学体育课程思政设计研究[D].哈尔滨:哈尔滨工程大学,2020.

[17] 黄城昊.湖南省大学公共体育课程思政建设研究[D].株洲:湖南工业大学,2022.

[18] 王振隆.河南省高校体育课程思政开展现状及实施路径研究[D].开封:河南大学,2022.

[19] 薛洋,欧阳斌,吕雄策,等.新时代课程思政理念融入高校体育课程的价值意蕴与路径探析[J].江西理工大学学报,2022(6):76-80.

[20] 叶灼怡,时杰.基于混合式教学改革的体育课程思政建设路径探析[J].体育视野,2022(16):29-31.

[21] 李红睿,乔芬.新时代背景下"课程思政"实现路径的研究与实践[J].教育现代化,2020(28):41-44.

[22] 刘亚.基于"全人教育"理念下高校公共体育创新培养模式的探索[J].首都体育学院学报,2016(4):323-327.

[23] 谢罗希,潘宁.高校"互联网＋体育课程思政"建设论[J].中南民族大学学报(人文社会科学版),2022(11):167-173,188.

[24] 楚海月,练志宁.线上线下两位一体高校体育课程思政模式研究[J].牡丹江教育学院学报,2022(10):79-82.

[25] 朱超,李静,柴力达,等."移动互联网＋"背景下高校体育课程思政建设的应用性研究[J].当代体育科技,2019(19):250-252.

[26] 韩冰,姚小林.以"运动实践"为引领的体育课程思政教学范式的内涵及实施路径[J].哈尔滨体育学院学报,2022(3):68-73.

[27] 尚香转."立德树人"理念下高校公共体育课程思政建设的价值探索[J].体育视野,2022(18):55-57.

[28] 李若鑫.立德树人视域下大学本科公共体育课课程思政实施路径研究[D].开封:河南大学,2022.

[29] 李文芳.课程思政理念融入高校体育课程教学探析[J].当代体育科技,

2020(22):151-153.

[30] 郭秀清. 课程思政在高校体育课堂教学中的融合与渗透[J]. 当代体育科技,2019(21):76-77.

[31] 姜君."课程思政"视域下高校体育课程发掘思政元素探究[J]. 辽宁广播电视大学学报,2020(1):10-12.

[32] 丁海洋,钱芳斌,李洁,等."完全人格,首在体育"理念下高校公共体育课程思政教学探索[J]. 体育科技文献通报,2022(11):91-94.

[33] 黄河."五育并举"视域下大学体育课程思政建设研究[J]. 乐山师范学院学报,2022(8):117-124,133.

[34] 吴向宁. 高校体育课程思政建设的内涵、困境与推进策略[J]. 首都体育学院学报,2022(4):384-392.

[35] 武冬. 体育课程思政原理、设计、问题研究[J]. 北京体育大学学报,2022(6):12-24.

[36] 曾鹏. 我国体育院校体育教育专业田径专修课程思政开展现状及实践路径研究[D]. 武汉:武汉体育学院,2022.

[37] 刘丹."课程思政"理念下体育教育专业健美操教学优化研究——以甘肃省普通高校为例[D]. 兰州:西北师范大学,2022.

[38] 宁宇航. 北京市高等体育院校健美操教学中落实"课程思政"理念的发展对策研究[D]. 北京:首都体育学院,2022.

[39] 刘涛伟. 高校公共体育武术课程思政实施路径研究[D]. 新乡:河南科技学院,2022.

[40] 杨希娟. 高校武术教学中落实"课程思政"教育的实践路径探析[D]. 武汉:华中师范大学,2020.

[41] 范巍. 中国20世纪以来学校体育课程价值取向研究[D]. 长春:东北师范大学,2013.

[42] 王亚. 高校思想政治理论课教师素养研究[D]. 北京:北方工业大学,2019.

[43] 魏四成,王秋雨."立德树人"视域下体育课程思政建设研究[J]. 当代体育科技,2022(27):141-145.

[44] 周洲. 新时代高校公共体育课程思政建设路径[J]. 教育观察,2022(2):91-94.

[45] 花蕊. 课程思政理念下高校武术教学"思政元素"发展路径研究[J]. 武术

研究,2021(7):77-79.

[46] 卢阳,赵洋,赖莎. 体教融合视域下高校武术散打课程思政元素的融入路径研究[J]. 当代体育科技,2020(26):161-164.

[47] 余娜. 云教育平台建设下高校体育课程思政教育资源共享发展研究[J]. 武术研究,2023(1):154-156.

[48] 刘睿. "课程思政"与高校体育类课程融合的内在逻辑[J]. 湖北经济学院学报(人文社会科学版),2020(7):158-160.

[49] 李炎. 高校户外体育课程思政数字化教学资源建设[J]. 体育风尚,2022(11):62-64.

[50] 赵富学,李林,王杰,等. 高校"高校体育课程思政资源共创共享模式的构建[J]. 体育科研,2022(2):5-12.

[51] 赵富学,黄莉,吕钶. 体育课程思政研究的热点归集、问题聚焦及未来走势[J]. 武汉体育学院学报,2022(5):22-28.

[52] 郑继超,董翠香,朱春山. 我国高等学校体育课程思政研究:综述与展望[J]. 山东体育学院学报,2022(4):67-75.

[53] 刘叶郁,杨国庆. 我国体育课程思政研究的政策引领、内容检视与发展方向[J]. 西安体育学院学报,2022(4):494-501.

[54] 赵富学,李林,王杰,等. 高校体育课程思政建设提质增效的方法创新与路径推展研究[J]. 天津体育学院学报,2022(4):387-394.